Thea Leitner

Ein verflixtes Alter

Erwachsen werden ohne Schmerzen

Ueberreuter

CIP-Kurztitelaufnahme der Deutschen Bibliothek

Leitner, Thea
Ein verflixtes Alter. Erwachsen werden ohne Schmerzen. –
Wien, Heidelberg: Ueberreuter, 1978.
ISBN 3-8000-2173-0

J 1022/1

Umschlag von Herbert Schiefer

Papier und Gesamtherstellung: Salzer - Ueberreuter, Wien
Printed in Austria

Inhalt

*Ich schulde der Jugendpsychologin
Dr. Gerlinde Ortner aufrichtigen Dank.
Ohne ihre kompetente Mithilfe
wäre dieses Buch schwerlich
zustande gekommen.*

I. Angst verlernen

1. So wird Angst »gelernt«

»Meine liebe Frau Leitner«, sagte der Chef und klopfte dabei mit seiner goldenen Füllfeder auf die Schreibtischplatte, »meine liebe Frau Leitner, so geht das nicht.«
Und dann erklärte er mir in seiner ruhigen, überlegenen Art – er ist ein hervorragender Chef und berühmt für seine ausgezeichnete Menschenführung –, also er erklärte mir, warum »das« (mein Ansinnen nach höherem Honorar) nicht »so« ginge.
Es waren die gängigen Argumente von einerseits gewaltig gestiegenen Lohn- und Materialkosten und andererseits ortsüblichen Honoraren. Die könnten – bei aller Wertschätzung meiner Person im allgemeinen und meiner her-vor-ra-gen-den Arbeit im besonderen – nicht überschritten werden.
»Wo kommen wir denn da hin, wenn wir bei Ihnen eine Extrawurst machen, meine liebe Frau Leitner. Die Kollegen ... Wenn die das erfahren ... Die wollen dann auch gleich ... Sie verstehen?«
Ich verstand sehr wohl. Nur: ich verhielt mich nicht wie sonst (und wie vom Chef ganz offensichtlich einkalkuliert).
Weder begann ich zu schwitzen noch zu zittern. Ich verlegte mich nicht aufs Bitten und Betteln. Auch sah ich nicht rot oder hieb mit der Faust auf den Tisch, um »mein gutes Recht« zu verlangen.
Ich tat nichts dergleichen, sondern ließ mich nur ein ganz klein wenig tiefer in meinen Sessel sinken. Ganz ruhig, jeden Muskel entspannt, saß ich da und sah den Chef eine Weile schweigend an.

Zuerst hörte er mit der idiotischen Füllfederklopferei auf. Dann fuhr er sich nervös über das wohlgepflegte, wenn auch schon recht schüttere Haar. Und schließlich stieß er hervor: »Was ist denn, warum sagen Sie nichts?«

»Ich sage nichts«, sagte ich, »weil ich einen Moment nachdenken muß.«

»Wieso — was nachdenken?«

Ich verkniff mir ein Lächeln und sagte mit ernster Miene: »Weil ich noch nicht sicher bin, wie ich anfangen soll. Am besten so: Lieber Chef, ich bin enttäuscht, daß meine Arbeit so wenig Anerkennung findet. Ich hatte fest damit gerechnet, daß nach zwei Jahren eine Honorarerhöhung fällig sei.«

»Ich habe doch schon erklärt, warum es nicht geht.«

»Sicher. Das sehe ich vollkommen ein. Ich weiß, daß Sie es nicht persönlich meinen. Ich weiß, daß Sie auch an Weisungen von oben gebunden sind. Aber das hilft mir auch nicht weiter.«

»Was denn hilft Ihnen weiter?«

Jetzt gestattete ich mir ein vorsichtiges Lächeln. »Es hilft mir weiter, daß *ich* weiß, wieviel meine Arbeit wert ist. Ich fürchte, ich muß auf meiner Honorarforderung bestehen. Andernfalls werde ich, so leid es mir tut, auf weitere Mitarbeit bei Ihrer Zeitung verzichten müssen und mich woanders umsehen.«

Der Chef starrte mich überrascht und ungläubig an. »Ist das Ihr Ernst?« fragte er schließlich.

»Es ist mein voller Ernst. Und es ist Ihr persönliches Pech, daß Sie ausgerechnet mich vorigen Monat zur Berichterstattung über Verhaltenstraining nach Salzburg geschickt haben. Beim Recherchieren habe ich nämlich ganz nebenbei auch etwas Wichtiges verlernt und etwas ebenso Wichtiges gelernt.«

»Verlernt und gelernt?«

»So ist es. Ich habe meine Angst verlernt und etwas Selbstvertrauen gelernt.«

 Beides verhalf mir — nach einigem Hin und Her —

zum Erfolg. Als ich den leicht irritierten Chef verließ, hatte ich die gewünschte Honorarerhöhung in der Tasche.
Und die Matschke-Berndorfer-Autoritätsangst, die noch aus meiner Schulzeit stammte, war ich endgültig los. Ebenso die »Eine-Dame-redet-nicht-über-Geld-Angst«, die auf das Konto meiner Mutter gehen dürfte.

Angst hat (fast) jeder

Die Angst ist eine sehr natürliche Erscheinung und in jedem Menschen sozusagen vorprogrammiert: sie soll uns vor echten Gefahren warnen und uns in brenzligen Situationen in die Flucht treiben.
Wenn die Erde bebt, ist die Angstreaktion, schleunigst ins Freie zu laufen, völlig richtig. Die Angst des Nichtschwimmers vor einem reißenden Strudel ist berechtigt und lebensverlängernd; er wird sich hüten, ins gefährliche Wasser zu steigen.
Völlig widernatürlich sind die unbegründeten Ängste vor eingebildeten Gefahren, die nicht oder noch nicht aktuell sind. Fast jeder Mensch aber leidet heute unter mehr oder weniger drückenden Ängsten – gleichgültig ob jung oder alt.
Die Älteren allerdings haben es im Laufe der Jahre gelernt, ihre Ängste zu verstecken, zu verschleiern, zu unterdrücken. Manche werden davon körperlich krank: Kopfschmerzen, Schlaflosigkeit, Schweißausbrüche, Herzflattern, Magengeschwüre, kurz die ganze Skala der sogenannten psychosomatischen Leiden gehen auf solche Ängste zurück.
Viele Menschen reagieren ihre Bedrückungen lautstark ab: man kann sicher sein, daß der brüllende Lehrer, die kreischende Mutter, der tobende Vater insgeheim ein gewaltiges Angstbündel mit sich herumschleppen.
Weil sie sich selbst nicht eingestehen, daß ihre Wutausbrüche nichts anderes als Angstsignale sind, be-

Auch verdrängte Ängste drücken schwer

greifen sie auch nicht, daß Jugendliche aus genau dem gleichen Grund so »aufsässig«, so »frech«, so »rotznäsig« und so »aggressiv« sind.

Daß viele junge Leute sich aufsässig, frech, rotznäsig und aggressiv verhalten, nicht aus versteckter Angst, sondern infolge erzieherischer Hilflosigkeit ihrer Eltern, ist zwar auch ein »Lernprozeß« — doch ist das nicht unser Thema. Das ist das Problem der betreffenden Eltern. Für sie ist das Buch nicht gedacht.

Nicht im Traum würde ein Erwachsener zugeben, daß er an tausend Ängsten leidet. Nur in ganz raren Augenblicken kommt manchmal die Wahrheit ans Licht.

Selbst Erfolgreiche leiden unter Ängsten

Eine solche Gelegenheit ergab sich einmal, als ich in fortgeschrittener Stunde mit einer Reihe guter Freunde zusammensaß. Bei leiser Musik und Kerzenlicht gerieten wir ins Philosophieren und ins Bekennen. Unter dem Einfluß des Angstlöschers Alkohol kamen erstaunliche Dinge zutage.

Keiner, kein einziger aus unserer Runde sogenannter tüchtiger und erfolgreicher Menschen war frei von Ängsten. Der eine bekannte, daß er Angst vor seiner Frau habe — die ihrerseits Angst vor den Kindern eingestand. Ein berühmter Anwalt schilderte in plastischen Worten seine latente, also geheime, Krebsangst, der große Dirigent die Panik vor jedem Konzert. Angst vor der Senilität hatte der Universitätsprofessor und Angst vor dem Verhungern der Industrielle, der mehr verdient als wir alle zusammen.

Wir könnten freier, leichter, glücklicher leben, wenn wir nicht diese unsinnigen Ängste hätten: vor Krankheit und Tod, vor der Schule und vor Prüfungen. Angst vor Lehrern, Eltern, Vorgesetzten. Angst, den Mund aufzumachen und sich zu blamieren, Angst zu versagen, Angst, nicht schön, nicht attraktiv, nicht begehrenswert zu sein.

Generationen von gescheiten Leuten haben sich über das Phänomen Angst den Kopf zerbrochen und ganze Bibliotheken über dieses Thema geschrieben.
Die Angst spielt im religiösen Bereich eine entscheidende Rolle als Gewissens- und Sündenangst. Der große Wiener Seelenarzt Sigmund Freud wie auch seine Nachfolger und die Legionen seiner mehr oder weniger seriösen Epigonen haben sie erst richtig »populär« gemacht: jeder halbwegs Aufgeschlossene weiß heute schon, daß — so Freud — Ängste in allerfrühester Kindheit entstehen und aufs innigste mit den unbewußten Triebwünschen verquickt sein sollen.
Mit einer völlig neuen Erklärung für das Entstehen der Angst warten die Verhaltenspsychologen auf. Sie behaupten, daß Ängste ganz einfach erworben, »erlernt« wurden — ob schon in früher Jugend oder erst später, spielt dabei keine Rolle. Es wurde eine Reihe von Verfahren entwickelt, diese Ängste wieder abzulegen, zu »verlernen«.
Was heißt nun eigentlich »lernen«?
Jeder denkt dabei automatisch an die Schülerin, die Vokabeln büffelt: sie »lernt« Englisch.
Der Lehrling fällt uns ein, der mit ungelenken Fingern am Motor herumbastelt: er »lernt« den Beruf eines Automechanikers.
Aber Lernen ist viel mehr.

- Das Kind, das sich am Ofen die Finger verbrennt, »lernt«, daß man dem heißen Ungetüm aus dem Weg zu gehen hat.
- Das Mädchen, das bei minus zwanzig Grad ohne warme Unterwäsche herumläuft und sich eine Blasenentzündung holt, »lernt«, daß dickmachende Wollhosen unter bestimmten Umständen einer gertenschlanken Taille vorzuziehen sind.
- Der Junge, der beim ersten Annäherungsversuch an ein weibliches Wesen schmerzhafte Ohrfeigen

»Lernen« in der Praxis: durch Hitze, Kälte, Ohrfeigen

statt zärtlicher Küsse erntet, »lernt«, daß zwischen Wunsch und Erfüllung ein dorniger Weg liegt.

Um auf meine eingangs erzählte Geschichte zurückzukommen: heute weiß ich, daß mir meine Chefangst, die mir jahrelang schwer zu schaffen machte, von Frau Dr. Matschke und Herrn Dr. Berndorfer »angelernt« wurde.

Schulängste wirken ein Leben lang

Dr. Matschke unterrichtete in unserer Klasse Latein – ein Gegenstand, der mich überhaupt nicht interessierte und für den ich mich dementsprechend widerwillig und oberflächlich vorbereitete. Die Examen gerieten denn auch meist zu mittelschweren Katastrophen – verschärft durch die Angewohnheit der Prüferin, dabei mit einem Bleistift pausenlos aufs Katheder zu klopfen.

Von ähnlichem Mißerfolg begleitet war mein Bemühen, in die Geheimnisse der Mathematik einzudringen. Wenn Dr. Berndorfer dann regelmäßig mäkelte: »Meine liebe Thea, so geht das nicht«, war ich von einem zum andern Mal einem Nervenzusammenbruch nahe.

Sagt mein Chef also: »Meine liebe Frau Leitner, so geht das nicht« und trommelt noch dazu mit der Füllfeder auf den Schreibtisch, dann muß das unweigerlich die Angstgespenster aus der Kindheit auf den Plan rufen. Es sei denn, man hat, so wie ich, mittlerweile die Ängste verlernt ...

Wer nicht glaubt, daß Angst – andererseits aber auch frischer Mut und Selbstsicherheit – gelernt werden kann und lernbar ist, mag sich durch ein kleines Experiment selbst davon überzeugen, das die Wiener Psychologin Dr. Christa Schoebel erarbeitet hat: ein amüsantes Gesellschaftsspiel mit einer sehr ernsthaften Aussage.

Zwei Mitspieler werden aus dem Zimmer geschickt, um einen kurzen Zeitungsartikel zu lesen. Währenddessen besprechen die übrigen, wie sie sich bei der nachfolgenden Vorführung verhalten werden.

Die draußen Wartenden werden hintereinander und

jeder für sich hereingerufen und gebeten, in kurzen Worten zu erzählen, was sie gelesen haben.

Der erste »Redner« wird überaus freundlich akzeptiert. Die Zuschauer sitzen still, lauschen aufmerksam-gespannt, lächeln ihm zu, sagen gelegentlich »mhm«, »gut« oder »sehr richtig«.

Ganz anders ist das Bild, wenn der zweite »Redner« erscheint: da gibt es Unruhe und Füßescharren. Einer bohrt ungeniert in der Nase, der andere schaut auf die Uhr und gähnt – mit einem Wort, ein Alptraum von einem Publikum.

Nach dieser Darbietung werden die Probanden noch einmal hinausgeschickt, neuerlich mit einem kurzen Text vertraut gemacht, und das Ganze beginnt von vorn.

»Spiel« mit tieferer Bedeutung

Ich habe selbst einmal an einem solchen »Spiel« teilgenommen. Das Ergebnis war sehr eindrucksvoll. Unser erstes Opfer war ein eher schüchternes Mädchen, das aber angesichts eines wohlgesinnten Publikums zu brillanter Hochform auflief. Der zweite Kandidat, ein ansonsten forsch-schnoddriger junger Mann, geriet, als er so abweisend und unhöflich aufgenommen wurde, ins Stocken und Stottern. Schließlich hörte er mitten im Satz auf und stürzte wütend aus dem Zimmer.

Beim zweiten Durchgang, als das Verhalten des Publikums sich total umgekehrt hatte, begann das Mädchen zwar sehr schwungvoll, brach aber in Tränen aus, sobald sie die Ablehnung richtig bemerkt hatte.

Der Mann, der nur durch gutes Zureden bewegt werden konnte, überhaupt weiter mitzumachen, startete mürrisch und zögernd. Als er spürte, daß sich das Klima grundlegend geändert hatte, wurde er wieder der selbstgefällige Schwadroneur. Sein pointierter Redestrom war nur mit Mühe zu bremsen.

Nach diesen Erfahrungen kann man sich ausrechnen, wie die erschreckend große Zahl unserer schüchternen Zeitgenossen ihre Redeangst »gelernt« hat.

So kauft man Kindern den Schneid ab

Schüchternheit ist durchaus nicht angeboren. Aber vielen Kleinkindern wird schon der »Schneid« abgekauft, sobald sie richtig loszuplappern beginnen. Die Erwachsenen hören entweder überhaupt nicht zu oder sagen: »Red nicht solchen Unsinn.« Später heißt es dann: »Sei still, ich habe anderes im Kopf« und: »Aber was verstehst du denn schon davon.«
Sicher hat das Kind – nun aber schon verunsichert und ängstlich – noch zu wiederholten Malen zum Reden angesetzt und ist immer wieder auf Kritik oder Zurückweisung gestoßen. Bis es überhaupt nicht mehr wagte, den Mund aufzumachen.
Eltern, die immer noch so starre Verhaltensregeln, wie »Kinder haben bei Tisch zu schweigen«, predigen, Lehrer, die ihre Schüler durch schroffe, womöglich gar zynische Bemerkungen einschüchtern, statt sie durch freundliche Aufmerksamkeit zu ermuntern, sind mit schuld daran, daß in unserer ach so freizügigen Zeit noch immer Abertausende Kinder zu rechten Angsthasen erzogen werden.

2. Von Hunden, Katzen und Kindern

Wer nicht allzu neugierig ist, wer einen angeborenen oder vielmehr angelernten Horror vor allem hat, was nur entfernt nach Wissenschaft riecht, mag dieses Kapitel ruhig überschlagen. Schade wär's trotzdem, weil die Geschichte wirklich interessant ist.
Merke: Mein Selbstbewußtsein ist ziemlich gut ausgebildet.
Merke weiter: Das war nicht immer so; dieses erst recht spät erworbene Selbstwertgefühl verdanke ich größtenteils einer Wissenschaft, die, wie die meisten ordentlichen Disziplinen, mit umfangreichen Tierexperimenten begonnen hat.
Der russische Physiologe Professor Iwan Petrowitsch Pawlow war sozusagen der Großvater der modernen

Verhaltenspsychologie, obwohl er sicher nicht ahnen konnte, was seine Experimente mit Hunden dermaleinst bewirken würden.
Seinen Zeitgenossen um die Jahrhundertwende kamen diese Versuche ebenso sadistisch wie sinnlos vor. Auch ich stehe nicht an zuzugeben, daß mir die armen Tiere noch heute leid tun, denen Pawlow in seinem Wissensdrang den Hals aufschnitt. Er wollte herausfinden, wann und wie oft sich im Maul eines solchen Hundes Speichel bildet, und operierte ihm eine Kanüle ein, durch die die Flüssigkeit nach außen tropfte; so konnte sie exakt gemessen werden.
Das erste Resultat war voraussehbar und hätte keines besonderen Aufwandes bedurft: jedesmal, wenn Pawlow dem Tier ein saftiges Fleischstück unter die Nase hielt, bildete sich ein Speichelbächlein. Jedes Kind kennt das: wenn die Lieblingsspeise auf dem Tisch verlockend duftet, dann läuft uns das Wasser im Mund zusammen.

Glockenklang zum Fressen

In der zweiten Phase des Experiments gab es kein Fressen, dafür läutete der Gelehrte mit einer Glocke. Was dann passierte, hätte auch jeder Volksschüler voraussagen können. Es passierte nämlich nichts. Das Maul des Hundes blieb knochentrocken, kein Tröpfchen Speichel zeigte sich in der Kanüle.
Versuch Nummer drei (mit ebenfalls leicht voraussehbarem Resultat): Der Hund bekam sein Fressen, gleichzeitig bimmelte die Glocke. Natürlich sabberte das Tier. Dieser Vorgang (Fleisch plus Läuten) wurde mehrmals wiederholt.
Später wurde das Futter weggelassen, und das Glockensignal ertönte allein. Und siehe da: dem Hund lief das Wasser im Maul zusammen, obwohl weit und breit kein Fleischhappen in Sicht war. Das Tier hatte »gelernt«, auf das Läuten genauso zu reagieren wie auf das Fressen.

Der »Pawlowsche« Hund wird weltberühmt

Einmal gelernt, immer gelernt? Keineswegs. Pawlow bewies auch dies: Eine Weile ließ sich der Hund hinters Licht führen und speichelte beim bloßen Glockenton. Mit der Zeit aber wurde das angelernte Verhalten wieder verlernt, »gelöscht«, wie es in der Fachsprache heißt, wenn dem Glockenton kein Fleisch folgte. Da konnte es noch so lange bimmeln.

»Pawlowsche« oder »klassische« Konditionierung heißt seither die Verwandlung dieses an sich reizlosen Glockentones in den auslösenden Reiz für das Speicheln des »Pawlowschen« Hundes.

Der Russe erhielt im Jahre 1904 den Nobelpreis, seine Erkenntnisse wurden zunächst nicht konsequent weiterentwickelt.

Eine Ratte belohnt sich selbst

Rund vierzig Jahre später machte sich der amerikanische Wissenschaftler Burrhus F. Skinner neuerlich an umfangreiche Tierexperimente, um hinter das Geheimnis der Lerngesetze zu kommen. Nicht Hunde, sondern Ratten und Tauben waren seine bevorzugten Studienobjekte.

Er ersann einen mechanischen Käfig (die sogenannte »Skinner-Box«), an dessen Innenseite sich eine Taste befand. Wurde sie gedrückt, dann schob sich automatisch Futter in die Box.

Skinner setzte eine Ratte in den Käfig. Nach Rattenart tat sie allerlei: sie lief hin und her, sie schnupperte, sie kratzte sich, sie tappte an die Wand.

Berührte sie — zunächst natürlich nur rein zufällig — die Taste, dann gab es Futter. Unglaublich rasch »lernte« das Tier. Immer wieder drückte es auf die Taste, um sich den Bauch vollzuschlagen.

Dabei fand Skinner eine interessante Gesetzmäßigkeit heraus: das Futter mußte unmittelbar nach dem Tastendruck oder allerhöchstens eine Sekunde später erscheinen. Ließ es länger auf sich warten, dann

kapierte das Tier den Zusammenhang Hebeldruck = Futter nicht mehr. Es drückte dann nicht häufiger, als es dies sonst ganz zufällig getan hätte.
Diese Beobachtung enthüllte Professor Skinner eines der wichtigsten Lerngesetze: Eine Verhaltensweise wird nur dann häufiger, wenn sie unmittelbar darauf belohnt (in der Fachsprache: »verstärkt«) wird.
Auch das ist »Konditionierung«, das heißt eine Verhaltensänderung durch äußere Reize, wie ihr schon vier Jahrzehnte zuvor Professor Pawlow auf die Spur gekommen war.
Und auch dies ist ein Lernvorgang, der wieder verlernt, gelöscht, werden kann. Skinner »löschte« das seinen Ratten angelernte Verhalten, indem er mehrmals hintereinander dem Tastendruck kein Futter folgen ließ. Nach einigen Fehlversuchen zeigten die Ratten kein Interesse mehr an der Taste.

Reize für Radler und Mädchen

Solches Lernverhalten, solche Reaktionen auf bestimmte Reize finden sich nicht nur bei Tieren. Auch Menschen lernen wie Pawlows Hunde und Skinners Ratten. Wer's nicht glaubt, soll versuchen, eine bessere Erklärung für folgende, scheinbar automatische Reaktion zu finden.

- Die Verkehrsampel springt auf Rot – der Radfahrer tritt auf die Bremse.
- Ein ansehnlicher junger Mann spaziert vorbei – das Mädchen bringt seine weiblichen Formen zur Geltung und beginnt mit den Hüften zu wackeln.
- Wir bekommen beim Anblick einer süßen Torte oder eines knusprigen Steaks plötzlich Appetit; auf das Kommando: »Habt acht!« stehen Soldaten still, und wenn das Pausenzeichen ertönt, springen die Schüler auf, die eben noch tief in ihre Lehrbücher versunken waren.

»Reize« an der roten Ampel

Leider lernt man im Laufe seines Lebens nicht nur

Nützliches, Angenehmes oder Belangloses. Man »lernt« vielmehr ebenso alle möglichen Ängste.
Auch die Angst ist vielfach nichts anderes als eine »konditionierte« Reaktion, nur daß in diesem Fall die »Reize« böse Erlebnisse sind, Schmerz und Strafe, Zurückweisung und Tadel.

Vernunft nützt wenig

Der Mensch ist doch klüger als das Tier?
So klug nun auch wieder nicht. Eingelernte Ängste treten, jeder kann das an sich selbst beobachten, auch dann immer wieder auf, wenn sie ganz offenkundig unvernünftig sind.
Längst schon wissen wir, daß uns in einem abgeschlossenen Haus eigentlich nichts zustoßen kann – dennoch fürchten sich viele dort, sobald es dunkel wird.
Wir wissen, daß uns harmlose Spinnen und Blindschleichen nicht das geringste anhaben können – doch viele Leute laufen kreischend davon, wenn sie solch eines Tierchens ansichtig werden.
Ganz zu schweigen von den Ängsten, die bestimmte Kategorien von Menschen in uns auslösen: Lehrer oder Vorgesetzte, Polizisten oder fremde Leute überhaupt.
Und schon gar nicht zu reden von jenen, die sich ganz im geheimen und halb unbewußt vor dem anderen Geschlecht fürchten. Doch das ist das seitenfüllende Thema eines späteren Kapitels.

Elektroschocks für Katzen

Verstand und Einsicht sind gegen Ängste im großen und ganzen machtlos. Die Angst ist unendlich älter als menschliche Vernunft, weshalb ganz zu Recht von »tierischer Angst« gesprochen wird.
Wie solche im wahrsten Sinne des Wortes tierischen Ängste entstehen, gelernt werden, hat der amerika-

nische Professor der Psychiatrie Joseph Wolpe in Versuchen nachgewiesen. Und er erbrachte auch den stichhaltigen Beweis, daß selbst starke Ängste verlernt werden können, wenn man es nur richtig anstellt. Er wurde so zum Wegbereiter, zum Vater der Verhaltenspsychologie.

Wolpe experimentierte mit Katzen und gewann dabei zwei überaus wichtige Erkenntisse.

1. Angst und Nahrungsaufnahme sind nicht miteinander vereinbar. Entweder hat ein Tier Angst, dann kann es nicht fressen. Oder es frißt – dann verspürt es keine Angst.

2. Angst kann am leichtesten in kleinen Schritten gelöscht werden.

BITTE MERKEN! »Systematische Desensibilisierung«

Wolpe nannte diesen Vorgang »systematische Desensibilisierung« (systematisches Unempfindlichmachen). Dieser Begriff wird im vorliegenden Buch noch häufig vorkommen, und er ist besonders wichtig für alle jene, die versuchen wollen, ihre kleinen und großen Ängste loszuwerden.

Doch zunächst noch einmal zurück zu Wolpes armen Kätzchen, die Schreckliches erleiden mußten. Der Professor sperrte jeweils ein Tier in einen Käfig und gab ihm einen kräftigen Elektroschock. Anschließend bekam das Tierchen eine Schüssel zartester Leber vorgesetzt.

Was tat die Katze? Stürzte sie sich nach ausgestandener Pein gierig auf das Fressen? Nichts dergleichen! Die Angst saß ihr noch dermaßen im Nacken, daß sie keinen Bissen anrührte. Auch noch nach Stunden und als ihr Magen sicher schon heftig knurrte, war sie nicht zu bewegen, in dem unheimlichen Käfig zu fressen.

Selbst außerhalb der Schreckenskammer verweigerte die Katze die Nahrungsaufnahme; desgleichen in zwei, in fünf und in zehn Meter Entfernung.

Erst drei Zimmer weiter ließ sich das neurotisierte Kätzchen zögernd herbei, ein paar Bissen zu knabbern.

Mit unendlicher Geduld gewöhnte nun Wolpe sein Versuchstier daran, das Fressen in immer kürzerer Distanz zum Käfig einzunehmen.
Nach einiger Zeit war die Angst in vielen kleinen Freßschritten so weit abgebaut, daß die Katze sogar im Käfig fraß, ohne in Panik zu geraten.
Die Katze hatte durch den Elektroschock Angst vor dem Käfig »gelernt«. Durch vorsichtige, stufenweise Annäherung an das ursprünglich schreckenerregende Objekt hatte sie ihre Angst wieder »verlernt«.

Armer kleiner Albert

Daß sich Forscher in ihrem Wissensdrang nicht immer nur wehr- und argloser Tiere, sondern ebenso wehr- und argloser Menschen bedienen, ist eine traurige, leider nicht wegzuleugnende Tatsache.
So schreckten die beiden amerikanischen Psychologen J. B. Watson und R. Rayner nicht davor zurück, ein kleines Kind als »Versuchskaninchen« einzusetzen, um herauszufinden, wie Ängste gelernt werden.
Ihr Opfer war der kleine Albert, elf Monate alt, ein glückliches und zufriedenes Baby, dessen liebster Spielgefährte eine putzige weiße Ratte war.
Und das war das makabre Experiment: sobald Albert seinen vierbeinigen Freund streichelte, schlug einer der Herren hinter dem Rücken des Kindes mit einem Hammer auf einen Eisenstab. Albert wurde dermaßen erschreckt, daß er bald nicht nur die Ratte fürchtete, sondern auch alle anderen nur annähernd ähnlichen Dinge: Plüschtiere, Pelze und langhaarige Stoffe.
Watson und Rayner haben nachgewiesen, daß auch menschliche Ängste »erlernt« werden, und der Allgemeinheit einen unschätzbaren Dienst erwiesen. An dem Einzelwesen Albert haben sie sich allerdings schwer vergangen.

Mikes Heilung

Es ist nur zu hoffen, daß Albert an eine ähnlich gescheite Psychologin wie Mary Jones geriet, die bereits Jahre vor Wolpe in ihrer Alltagspraxis menschliche Ängste schrittweise abbaute. Leider geriet ihre in den zwanziger Jahren angewandte Methode völlig in Vergessenheit; erst Wolpe hat sie, auf dem Weg über die Katzen, wiederentdeckt.
So heilte Mary Jones den dreijährigen Mike von seiner Hundeangst: als er gerade frühstückte, setzte sie einen Pudel neben ihn. Entsetzt hörte das Kind auf, zu essen und zu trinken. Daraufhin entfernte die Psychologin das Tier immer weiter, bis Mike sich beruhigte und wieder zu essen begann.
In mehreren Sitzungen brachte Mary Jones den Pudel immer näher an den kleinen Jungen heran. Schließlich war es Mike möglich, selbst in unmittelbarer Nähe des einst so gefürchteten Hundes gelassen zu bleiben. Die Angst war gelöscht – und zwar für immer, wie sich später herausstellte.
Bestrafen und Belohnen sind die beiden Pole all dieser Lernprozesse.
Als Albert die geliebte Ratte berührte, wurde er mit schreckenerregendem Lärm bestraft – und lernte dadurch Angst.
Mike verlernte die Angst, als Mary Jones ihn durch schrittweises Entfernen des Hundes beruhigte und das Kind mit Speisen belohnte.

Lernen durch Worte und Gesten

Natürlich »lernt« der Mensch, vor allem, sobald er über die ersten Kinderjahre hinaus ist, nicht nur durch erschreckende Geräusche und durch Leckerbissen. Beim Homo sapiens können Worte, Gesten und Gedanken das Verhalten nachhaltig beeinflussen.
Die flüchtige Vorstellung eines gefürchteten Tieres kann ebenso Angst auslösen wie dessen Anblick.

Der bloße Gedanke an eine Person, von der wir nichts Gutes zu erwarten glauben (zum Beispiel ein besonders strenger Lehrer), kann uns bereits den kalten Schauer über den Rücken jagen. Und vor einer Prüfung kriegen wir manchmal schon Angst, noch ehe überhaupt der Termin feststeht.

Ebenso braucht es später nicht mehr handfester Belohnungen in Form von Essen und Trinken, um uns Wohlbehagen zu verschaffen. Ein freundlich ausgesprochenes Lobeswort, eine zustimmende Geste können wahre Wunder vollbringen. Natürlich sind es keine »Wunder«, sondern die ehernen, in tausendfachen Experimenten nachgewiesenen Gesetze der Konditionierung.

Wer Lust hat zu experimentieren, kann ohne viel Aufwand selbst einen solchen Versuch machen.

Man braucht dazu keine Ratten, keine Katzen und Hunde. Man braucht nur einen ahnungslosen Gesprächspartner. Doch keine Sorge – er wird nicht gefüttert und bekommt keinen Elektroschock, und er merkt nicht das geringste.

Das »Ich«-Experiment kann jeder durchführen

Während der Unterhaltung muß man nichts anderes tun, als bei bestimmten Wörtern des Partners – zum Beispiel bei Hauptwörtern in der Mehrzahl oder bei jedem »Ich« – zustimmend zu nicken und ab und zu ein anerkennendes »Mhm« von sich zu geben.

Binnen kürzester Zeit werden sich Hauptwörter oder Ichformulierungen auffallend häufen: unser Gesprächspartner wurde belohnt, bestärkt, und er hat völlig unbewußt alle jene Wörter öfter verwendet, die erhöhte Aufmerksamkeit und Bestätigung gefunden haben.

Der Mensch reagiert – trotz allem, was ihn vom Tier unterscheidet – nicht anders als die Ratte in der Skinner-Box, die begierig auf die Futtertaste drückte, um sich mit leckeren Häppchen Lustgewinn zu verschaffen.

Und wie Wolpes Kätzchen kann der Mensch auch seine Angst schrittweise verlernen.

3. Angst in kleinen »Scheiben«

Habe ich eigentlich schon erzählt, daß ich ein schrecklich ängstliches Kind war? Meine Feigheit war so groß, daß ich es eher ertrug, von meinen Klassenkameraden ausgelacht zu werden, als mich in eine brenzlige Situation zu begeben. Wer selbst erlebt hat, wie peinigend Spott und Hohn der Mitschüler sein können, mag nachfühlen, wie groß meine Ängste gewesen sein müssen.

Nachdem ich mich viele Jahre mit der Verhaltenspsychologie befaßt habe, weiß ich heute, daß ich die Ängstlichkeit von meiner Mutter »gelernt« habe.

Ständig rannte sie hinter mir her und mahnte: Tu dies nicht – laß jenes, es könnte gefährlich werden. Die Sonne ist zu heiß, das Wasser zu kalt; dieser Hund gewiß böse, jener Graben zu tief. Die Lehrerin wird schimpfen, der Nachbarsjunge dich hauen. Du wirst dir weh tun, dich erkälten. Hier stolpert man bestimmt, dort stehen giftige Schwämme. Von kalter Milch kriegt man Bauchweh. Vanilleeis ist immer verdächtig, und aus einer kleinen Kratzwunde kann eine lebensgefährliche Blutvergiftung entstehen.

Mama betete nicht nur die endlose Liste allgegenwärtiger Gefahren herunter, sie lebte mir auch ängstliches Verhalten tagtäglich vor.

Wundert es jemanden, daß mir der Gedanke an den Zahnarzt panisches Entsetzen einjagte, wenn ich sah, wie Mama selbst jeden Besuch beim Zahnarzt zu einem schauerlichen Drama gestaltete?

Zahnarzt-Angst wird »gelernt«

Den Schneid abgekauft

Viele Eltern wundern sich, daß ihre Kinder keinen »Mumm in den Knochen« haben. Sie bedenken dabei nicht, daß sie selbst ihnen den Schneid abgekauft haben – durch lebendiges Beispiel und/oder eine Flut übertriebener Warnungen und Einengungen.

Besonders Mädchen wird auch heute noch vielfach die Ängstlichkeit systematisch anerzogen, während man von Jungen eher annimmt, daß sie von Natur aus »forsch« und wagemutig sind. Sind sie es, Gott behüte, nicht, dann zögern manche Eltern nicht, zu drastischen Mitteln zu greifen.
Ich erinnere mich noch mit Grausen, wie der Vater meines Freundes Peter seinem Sohn die Wasserscheu mit Gewalt auszutreiben versuchte. Der Knabe – er muß damals vier oder fünf Jahre alt gewesen sein – wurde eines Tages von seinem Vater hinterrücks gepackt und trotz heftigster Gegenwehr zum Bootssteg des Sees geschleppt, an dem unsere Familien die Sommerferien gemeinsam verbrachten.
Das Kind fest umklammert, sprang der Vater ins tiefe Wasser und schwamm dann mit dem halb ohnmächtigen Knaben ans Ufer.
»Siehst du«, sagte der Vater, »du bist heil ans Land gekommen. Es war doch gar nicht so schlimm?«
Und ob es schlimm war. So schlimm, daß Peter noch heute an den Folgen der Gewaltkur zu leiden hat. Obwohl schon ein erwachsener Mann, erfolgreich im Beruf, verheiratet und Vater dreier Kinder, kann er noch immer nicht schwimmen. Nur unter Protest, im Herzen heillose Angst, wagt er sich per Schiff aufs Wasser. Und vor zwei Jahren wäre er um ein Haar ertrunken, als er an einer Segelpartie teilnahm und das Boot durch eine heftige Bö kenterte.

Schocktherapie

Eines ist allerdings sicher: gewisse Ängste kann man unter bestimmten Voraussetzungen tatsächlich schockartig austreiben. In der Verhaltenspsychologie gibt es eine Schule, die sich solcher Methoden bedient. Durch »Flooding« (Überfluten) mit dem gefürchteten Angstreiz kommt es da sogar zu sensationellen Heilerfolgen.

Es wird von einer Dame berichtet, die, aus welchen

Gründen immer, Todesangst vorm Autofahren hatte. Ihr Therapeut schnallte sie auf den Rücksitz eines Wagens und kutschierte mit ihr vier Stunden lang in halsbrecherischem Tempo durch die Gegend. Am Ende des Horrortrips war die Patientin zwar einem Herzinfarkt nahe; ihre Autoscheu indes war sie für immer los.

Kleine Schwäche eines großen Mannes

»Flooding« ist, das liegt auf der Hand, keine Methode zum Selbermachen. Und die Geschichte von dem jungen Mann, der es dennoch versuchte und damit auch Erfolg hatte, ist sicher die berühmte Ausnahme, die die Regel bestätigt.

Der junge Mann hatte panische Angst vor Lärm; er traute sich auch nicht, auf hohen Türmen und Bergspitzen zu stehen, weil ihm dann jedesmal totenübel und sterbensangst wurde.

»Allen diesen Ängsten versuchte ich abzuhelfen, und zwar, weil ich keine Zeit verlieren wollte, auf eine sehr heftige Weise«, schrieb er später, als er schon ein berühmter Mann war.

Seine Lärmangst kurierte er, indem er unmittelbar neben den Trommeln einer Militärmusikkapelle marschierte, obwohl ihm »deren gewaltsame Schläge das Herz im Busen hätten sprengen mögen«.

Und so ging er gegen die Höhenangst vor:

»Ich erstieg ganz allein den Gipfel des Münsterturmes – wo man auf einer Platte, die kaum eine Elle im Geviert haben wird, ohne sich sonderlich anhalten zu können, stehend das unendliche Land vor sich sieht ... Dergleichen Angst und Qual wiederholte ich so oft, bis der Eindruck mir ganz gleichgültig war.«

Das sagt man uns nicht!

Der Student, dem das Dröhnen der Trommeln fast das Herz im Busen gesprengt hätte und den auf jedem Kirchturm das blanke Entsetzen packte, hieß Johann Wolfgang Goethe. Kaum einer von uns hat

je in der Schule gelernt, daß Goethe in seiner Jugend an ebenso gewöhnlichen Ängsten gelitten hat wie du und ich.
Aber jeder von uns hat schon, in Anfällen schierer Verzweiflung, versucht, sich gefürchteten Situationen dennoch zu stellen. Man nimmt seinen ganzen, ach so kläglichen Mut zusammen, »reißt sich am Riemen«, »beißt die Zähne aufeinander«, versucht, den »inneren Schweinehund« zu überwinden. Kurzum, man nimmt einen gewaltigen Anlauf und probiert doch einmal, wovor man von ganzem Herzen Angst hat.
Wie oft war ich als junges Mädchen zu einer Party gegangen mit dem festen Vorsatz, mich nicht nur an der Unterhaltung zu beteiligen, sondern auch einen jener Geistesblitze von mir zu geben, die mir in der Einsamkeit meines stillen Kämmerleins so spielerisch leicht in den Sinn kamen. Im entscheidenden Augenblick allerdings verdrückte ich mich in den hintersten Winkel – und fühlte mich auf eine seltsame Weise von einer schweren Last befreit.
Wie viele Jungen haben sich schon vorgenommen: Jetzt gehst du einfach auf das nette Mädchen aus der Nachbarklasse zu und sprichst sie mit einem lässigen »Hallo« an. Sie nehmen einen heroischen Anlauf – und kehren in allerletzter Sekunde um.

»Kneifen« wird belohnt

Das »Kneifen«, also das Sichdrücken, bringt in der angstbesetzten Situation unmittelbare Erleichterung, und dieses angenehme Gefühl ist in gewisser Weise eine »Belohnung«.
Eine Belohnung aber, wir haben es bereits erfahren, verstärkt automatisch jedes vorangegangene Verhalten – in diesem Fall die Flucht. Das Reißausnehmen vor den Mädchen wird so mit der Zeit erst recht zur (un)lieben Gewohnheit.
Die meisten Jungen kaschieren dann ihr selbsteinge-

lerntes Angstverhalten mit der Ausrede, daß sowieso alle Mädchen blöd (abweisend, arrogant, uninteressant oder was immer) sind.
Der beste Weg, seine Ängste loszuwerden, ist und bleibt die »systematische Desensibilisierung«, die Professor Wolpe zuerst an Katzen ausprobiert hat.
Als verhinderte »Wasserratte« erlebte ich persönlich im Alter von sechs Jahren eine solche Unempfindlichmachung von Angstreizen – wenn auch völlig unwissenschaftlich und mehr oder weniger zufällig.

Tragödie einer verhinderten Wasserratte

Ich war zu jener Zeit eine blutarme Hopfenstange und sollte schwimmen lernen. Der bloße Anblick des eiskalten Seewassers jagte mir Angstschauer über den Rücken, und ich brach bereits in Tränen aus, wenn nur das Wort »Schwimmen« fiel.

Meine Mutter war ausnahmsweise einmal nicht der Ansicht, daß Schwimmen zu den lebensgefährlichen Sportarten gehört. Sie meinte vielmehr, es sei äußerst gesund, und versuchte, mich mittels strenger Ermahnungen zur »Vernunft« zu bringen. Da sie selbst nie viel mehr als die Zehenspitzen mit Wasser netzte und selbstverständlich nicht schwimmen konnte, mußten ihre Anpreisungen der Wasserfreuden zwangsläufig blasse Theorie bleiben.

Schwimmen auf die sanfte Tour

Endlich kam mein Vater in die Ferien nachgereist. Binnen drei Wochen schwamm ich wie ein Fisch.
Papa hatte mir zunächst ein Schaff voll Wasser auf die Wiese am äußersten Rand der Badeanstalt gestellt und ließ mich darin in der warmen Sonne planschen. Dieses Schaff schob er im Laufe einiger Tage immer näher an das Ufer des Sees.
Schließlich nahm er mich auf den Arm, tauchte zuerst meine Füße ins Wasser des Sees, später die Beine, den Körper, die Arme.
Dabei streichelte er mich und redete mir sanft zu.

Zeigte ich Furcht, dann nahm er sofort einen Schritt zurück, bis ich so sicher und angstfrei war, daß ich die nächste Stufe spielend schaffte.

»Neurotische Angst kann durch logische Argumentation und rationale Einsicht nicht überwunden werden«, schrieb Professor Wolpe in seinem grundlegenden Werk »Praxis der Verhaltenstherapie«.

Die von ihm entwickelte »systematische Desensibilisierung« wurde von meinem Vater rein instinktiv angewendet und stellt seinen pädagogischen Fähigkeiten noch nachträglich ein glänzendes Zeugnis aus.

Spinne im Dekolleté

Bei seinen Katzenexperimenten fand Wolpe heraus, daß vollkommene körperliche Entspannung — wie sie zum Beispiel beim Fressen gegeben ist — mit den Gefühlen der Angst unvereinbar ist. (Auch der Mensch reagiert ähnlich: wer Angst hat, »bringt keinen Bissen hinunter«, und wer behaglich schmaust, empfindet, zumindest im Augenblick, bestimmt keine Angst.)

Der Mensch ist allerdings auch imstande, totale Muskelentspannung zu erlernen und willkürlich herbeizuführen. (Wie das gemacht wird, ist im folgenden Kapitel genau beschrieben.)

Bloße Vorstellung löst schon Angst aus

Weiters entdeckte Wolpe, daß Menschen dem Objekt ihrer Furcht nicht Auge in Auge gegenüberstehen müssen, um ins Zittern zu geraten. Allein die Vorstellung genügt.

Man braucht zum Beispiel einem Mädchen, das sich vor Spinnen fürchtet, nicht gleich einen leibhaftigen Skorpion ins Dekolleté zu stopfen; schon der Gedanke, daß es vielleicht jemand tun *könnte*, treibt ihr den Angstschweiß aus den Poren. Die Phantasie des Menschen ist stark genug, die gleichen Gefühle hervorzurufen wie die Realität.

Das simpelste (aber leider nicht funktionierende)

Rezept zur Heilung einer solchen Spinnenangst müßte theoretisch so aussehen:
Die Patientin entspannt sich. Der Therapeut schildert, wie ihr eine Spinne in den Ausschnitt krabbelt. Währenddessen muß die Patientin die tiefe Muskelentspannung ungestört beibehalten. Gelingt ihr dies mehrmals hintereinander, dann ist ihre Angst »gelöscht«. Vor der nächsten, echten Spinne, die ihr über den Weg (oder sonstwohin) läuft, wird sie sich nicht mehr fürchten.

Hierarchie der Angst

Bei der Mehrzahl der Menschen sind die Ängste so tief eingefressen, daß sie sich nicht im ersten Anlauf verjagen lassen. Da nützt auch die perfektest durchgeführte Muskelentspannung nichts. Statt daß die Entspannung die Angst verjagt, zerstört die Angst die Entspannung.
Wolpe löst das Problem genial. Er zerlegt die Angst sozusagen in winzig kleine »Scheibchen«, er gliedert sie in einer »Angsthierarchie« auf.
Die Therapie beginnt mit der geringsten, kaum noch spürbaren Angst. Etwa: »Stellen Sie sich ein schwarzweißes Spinnenfoto vor.«
Gibt es bei diesem Bild keine Angst mehr, bleibt die Entspannung, dann kommt die nächste »Scheibe« an die Reihe: »Sie betrachten einen Farbfilm, in dem Spinnen gezeigt werden.«
Dann: »Sie sehen lebendige Spinnen hinter einer dicken Glaswand.« Und: »Ihre Freundin spielt im Nebenzimmer mit einer Spinne.«
Immer so weiter, bis auch die Vorstellung »Spinne auf der eigenen Haut« die Patientin kaltläßt.
Der Trick der systematischen Desensibilisierung besteht darin, daß der Mensch zunächst gegen ganz schwache, dann gegen mittelstarke und erst zum Schluß gegen die gefürchtetsten Angstvorstellungen unempfindlich gemacht wird.

Im Laufe einer solchen Therapie bricht der Angstberg langsam in sich zusammen. In dem Augenblick, da die Angststufe Nummer 1 (schwarzweißes Spinnenfoto) gelöscht ist, hat Stufe Nummer 2 (farbiger Spinnenfilm) nicht mehr die gleiche Intensität wie zuvor, sondern ruft nur noch genauso schwache Angstreize hervor wie die mittlerweile überstandene Angststufe Nummer 1. Am Ende verursacht die stärkste Angst (Spinne im Dekolleté) nicht mehr Unbehagen als »schwarzweißes Spinnenfoto« und kann quasi spielend gelöscht werden.
Ein weiteres Beispiel:
Eine Siebzehnjährige hatte ein Thermometer zerbrochen. Irgenwo hatte sie einmal gelesen oder gehört, daß frei herumquirlendes Quecksilber tödlich sein könnte. Plötzlich war das Mädchen von der fixen Idee besessen, sie müßte an einer Quecksilbervergiftung sterben, wenn ihr ähnliches passierte.
Die Angst wurde so stark, daß sie sich nicht mehr auf die Straße wagte. Es könnte ja jemand vorbeigehen und ein Thermometer fallen lassen.
Wolpe befreite das Mädchen binnen weniger Wochen von ihrer Angst, die er in acht Abschnitte zerlegte:

1. Ich lese das Wort »Quecksilber« in der Zeitung.
2. Ich betrachte das Foto eines Thermometers.
3. Im Nebenzimmer liegt ein Thermometer.
4. In der Ecke meines Zimmers hängt ein Thermometer.
5. Ich stehe zwei Meter davor.
6. Ich bringe meine Hand in die Nähe des Thermometers.
7. Ich berühre es.
8. Ich zerbreche ein Thermometer.

Aber nicht immer kann eine Angst so einfach in nur acht kleine »Scheibchen« zerlegt werden. Oft müssen in der Angsthierarchie viele Zwischenstufen eingebaut werden, weil die nächste Stufe nicht in einem einzigen Anlauf zu nehmen ist.

Wolpe berichtet von einer Patientin, die quälende Angst vor dem Alleinsein hatte. Selbst der denkbar schwächste Angstreiz – zu Hause nur in Gesellschaft der Tochter zu sein – widerstand jeder Entspannung.

»Meine Tochter muß vielleicht plötzlich weg, und ich bin wieder allein«, klagte die Patientin.

Wolpe riet ihr nun, sich vorzustellen, daß die Tochter mit ihrem Freund käme. »Schließlich gehen sie dann doch beide weg«, jammerte die Frau.

Erst nachdem der Arzt sich eine ganze Schar weiterer Personen ausgedacht hatte, die der Patientin Gesellschaft leisteten, blieb sie ruhig.

Daraufhin wurde in ihrer Vorstellung ein Beschützer nach dem anderen abgezogen, bis sie den Gedanken an völliges Alleinsein ertragen konnte. Und dann natürlich das Alleinsein an sich.

Ein anderer Patient fürchtete sich so übermächtig vor dem Tod und allen damit zusammenhängenden Gedanken, daß zunächst kein ausreichend schwacher Angstreiz zu finden war. Sogar die vage Vorstellung eines toten Köters in dreihundert Meter Entfernung war dem Mann schier unerträglich.

Nach langem Grübeln entdeckte Wolpe dann doch die Ausgangsposition für eine erfolgreiche Therapie. Es war der Satz: »Wilhelm der Eroberer wurde in der Schlacht bei Hastings getötet.«

Der Patient konnte – wohl wegen der zeitlichen Ferne des Ereignisses – diesen Gedanken entspannt ertragen. (Ganz abgesehen davon, daß Wilhelm gar nicht zu Tode kam, sondern vielmehr die Schlacht gewann und anschließend ganz England eroberte ...)

4. Immer schön ruhig ...

In einem Chemiewerk wäre es vor Jahren ums Haar zu einer Katastrophe mit unabsehbaren Folgen für die Umwelt gekommen. Ein Kessel, vollgefüllt mit brodelnden Giftstoffen, drohte zu explodieren – obwohl, wie üblich, sämtliche Fachleute geschworen hatten, daß dies nicht im entferntesten denkbar sei.

Zufällig lernte ich kurz darauf den leitenden Ingenieur des Werkes kennen und fragte ihn, was er denn als erstes getan und gedacht habe, als ihn der Alarm erreichte. Seine Antwort verblüffte mich über alle Maßen.

»Ich saß nichtsahnend im Büro und schlürfte meinen Mokka, da klingelte das Telefon, und ein Maschinenmeister berichtete keuchend, was unten beim Kessel im Gange war.«

Der Ingenieur, so bekannte er freimütig, geriet zunächst in Panik. »Ich wurde vor Entsetzen ganz starr, und über mein Hirn schien sich ein schwarzer Schleier zu legen.«

Entspannung vertreibt die Panik

Nachdem er die Schrecksekunde überwunden hatte, ließ er sich für einen Augenblick in seinen Sessel sinken und entspannte sich. Sofort kehrten alle Lebensgeister zurück. Der Mann konnte wieder nüchtern und klar denken und veranlaßte das Nötige zur Rettung des Kessels.

Ich weiß nicht, was passiert wäre, wenn der Ingenieur in diesem schicksalhaften Moment, total verkrampft, die Nerven verloren hätte. Ich weiß aber sehr wohl – und jeder von uns kann es täglich an sich und an seiner nächsten Umgebung beobachten –, welch üble Folgen der Verlust einer Gabe mit sich bringt, die uns die Natur gütigerweise mit auf den Lebensweg gegeben hat: die Gabe, sich zu entspannen und dadurch ruhig und angstfrei zu werden.

Jedes Tier beherrscht diese Kunst noch vollkommen.

Die friedlich wiederkäuende Kuh, das lässig hingeringelte Kätzchen sind ein Abbild der Ruhe und der Selbstzufriedenheit. Auch Babys und Kleinkinder können noch total abschalten — falls nicht allzufrüh ein allzu harter »Erziehungsprozeß« eingesetzt hat.

Tiere und Babys können sich noch entspannen

Geistig »habt acht!« stehen

In dem Maße aber, in dem wir angehalten werden, unsere Muskeln, unsere Triebe und unsere Wünsche zu »beherrschen«, werden wir immer verkrampfter.

Ein feinmaschiges Netz von Geboten und Verboten läßt uns sozusagen geistig immer »habt acht!« stehen. Paß auf im Verkehr! Lerne was! Sei der Erste! Steh bescheiden zurück! Sei höflich! Gehorsam! Sei kein Duckmäuser! Geh aus dir heraus! Geh nicht so sehr aus dir heraus! Setze dich durch! Sei nicht so vorlaut! Sei fröhlich und heiter! Sei nicht so kindisch und ausgelassen! Sage die Wahrheit! Behalte deine Weisheiten für dich! Sei still! Rede endlich!

Selbst dann, wenn das Gebot der Stunde »entspannen« heißt, können wir es längst nicht mehr. Denn: auch Freizeit ist Spannung — sei es, daß wir mit geballten Fäusten und verkrampftem Magen im Fernsehen einem Krimi folgen, sei es, daß wir auf zwei oder vier Rädern durch die Gegend rasen, sei es, daß wir bei Sport und Spiel ehrgeizzerfressen die letzten Reserven aus uns herausholen.

Ganz so schlimm wie bei den berühmten japanischen Kadetten ist es bei uns gottlob allerdings noch nicht.

Bis zum Zweiten Weltkrieg erstreckte sich die bedingungslose Militärdisziplin in Japan bis in den Schlaf. Die jungen Soldaten mußten stramm auf dem Rücken liegen, die Hände an der Pyjamahosennaht — oder was immer japanische Kadetten damals nachts trugen. Bei taghellen Beleuchtung paßte ein Unteroffizier auf, daß keiner sich auch nur einen

Millimeter bewegte. Tat einer es dennoch, dann wurde er mit einem Holzstock aus dem Schlaf geprügelt. Begreiflicherweise gewöhnten sich die Kadetten binnen kürzester Zeit daran, steif wie Zinnsoldaten zu »ruhen«, so daß ihren Muskeln nicht einmal nachts die lebensnotwendige Entspannung zuteil wurde.

Junge Menschen können sich wenigstens meist im Schlaf aus ihren täglichen Anspannungen befreien. Von den Erwachsenen sind nicht mehr allzu viele dazu imstande. »Wie gerädert« wachen sie am Morgen auf, werden durch den Tagesstreß noch verkrampfter – und können in der nächsten Nacht noch schlechter schlafen. Ein Teufelskreis.

Ein Teufelskreis, aus dem mancher auszubrechen sucht, indem er in immer kürzer werdenden Abständen zur Flasche greift. Alkohol löst Verspannungen und Verkrampfungen, fegt mit Zauberhand Hemmungen hinweg. Ein böses Zeichen, daß auch unter jungen Leuten der Alkoholismus in dem Maße zunimmt, als sie die Fähigkeit zur Entspannung verlieren.

Weit harmloser und auf jeden Fall wesentlich gesünder ist der andere Ausweg junger Menschen: bei lauter Rockmusik und exzessivem Tanz kann der größte Teil des täglichen Gefühlsstaus und Leistungszwanges abreagiert werden. Echte Entspannung ist auch das natürlich nicht.

Worin echte Entspannung eigentlich besteht, wissen und kennen nur noch die wenigsten: dieses Gelöstsein, dieses Gefühl der süßen Schwere und der Leichtigkeit zugleich; diese wunschlose Ruhe, die keine Angst, keine Wut, keine Enttäuschung kennt. Gelassene Heiterkeit mit einem gesunden Schuß Wurstigkeit...

»Meine Tochter war schon immer verrückt, jetzt ist sie aber total übergeschnappt«, beschwerte sich bei mir eine Mutter. »Wissen Sie, was sie seit neuestem tut?«

Ich wußte es nicht und wollte es eigentlich auch gar nicht wissen. Ich bin mit dem Mädchen ebenso gut befreundet wie mit der Mutter, und die Funktion einer doppelten Klagemauer kann gelegentlich recht problematisch sein.

Doch die Mutter war nicht zu bremsen und vertraute mir an, daß ihre Adrienne sich seit neuestem stundenlang in der Badewanne aalt.

Seelenfrieden – in der Badewanne!

»Gott, ist das ein schlaues Kind«, entfuhr es mir. Worauf die Mutter ganz offensichtlich auch an meinem Geisteszustand zu zweifeln begann.

Geduldig erklärte ich, was ich meinte.

Adrienne, fünfzehneinhalb Jahre alt, befindet sich augenblicklich in einer schweren Krise. Nach der Scheidung ihrer Eltern lassen ihre Schulerfolge deutlich nach, was weder die Mutter noch die Lehrer verstehen können (oder wollen). Sie bezichtigen Adrienne der Faulheit.

Das ist die eine Seite der Medaille, die auch der Mutter bekannt ist. Die andere Seite, von der nur ich weiß: Adrienne hat sich zum erstenmal unsterblich verliebt, aber der Gegenstand ihrer Anbetung will angeblich nichts von ihr wissen.

Ich allerdings vermute, daß er sehr wohl an ihr interessiert ist, aber nicht wagt, es ihr deutlich zu zeigen. Da auch sie nicht imstande ist, nur ein Quentchen ihres wahren Gefühls preiszugeben, leiden beide stumm vor sich hin.

Wenn Adrienne in die Badewanne flüchtet, sucht und findet sie dort, was ihr sonst nicht beschieden ist: Ruhe, Frieden, totale Entspannung, Loslösung von ihren derzeitigen Problemen.

»Na ja«, sagte die Mutter, »wenn Sie meinen, daß

es so ist ... Aber gibt es denn nicht eine weniger zeitraubende und rascher wirkende Methode? Denken Sie doch nur an meine Gasrechnung!«

Kursleiterin in Krämpfen

Ich dachte weniger an die Gasrechnung der Mutter als an das gestörte Innenleben der Tochter, als ich Adrienne zu einem Kurs für Selbstbehauptungstraining schleppte; der wurde mit einer Vorlesung über Entspannung eingeleitet.

Vorlesung war es eigentlich keine – sehr zur Erleichterung zahlreich teilnehmender Schüler und Studenten, denen trockenes Bücherwissen ohnehin schon zum Hals heraushing.

Die Kursleiterin – Dr. Gerlinde Ortner, die eifrig und kompetent an diesem Buch mitgearbeitet hat – hält es mehr mit der praktischen Demonstration. Gleich zu Beginn gab sie eine eher befremdlich wirkende Vorstellung.

Nachdem sie gerade noch, die Beine elegant übereinandergeschlagen, gelassen auf dem Stuhl gesessen war, verfiel sie unvermutet in fürchterliche Krämpfe. Sie ballte die Fäuste, winkelte die Arme an, preßte den Kopf an die Brust, streckte die Beine weit von sich und schnitt schließlich gräßliche Grimassen.

Nach einem Augenblick äußerster Verkrampfung atmete sie tief durch, lockerte sich, zeigte wieder ihr freundliches Lächeln. Und forderte uns auf, es ihr gleichzutun. Wie vom Veitstanz befallen, krümmten wir uns zusammen und absolvierten so unsere erste Lektion im Unterrichtsfach »Entspannung«.

Denn: nur wer die Spannungszustände der einzelnen Muskelpartien kennt und fähig ist, sie zu kontrollieren, vermag bewußte Entspannung zu finden.

Dies geschieht, indem die verschiedenen Muskelpartien zuerst stark angespannt und anschließend stufenweise entspannt werden. Edmund Jacobson hat bereits Ende der dreißiger Jahre die »progressive Muskelentspannung« entwickelt, Joseph Wolpe hat sie dann weiter verfeinert. Die Methode hat sich inzwischen vieltausendfach bewährt – vorausgesetzt, daß die einzelnen Übungen in der vorgeschriebenen Reihenfolge strikt durchgeführt werden.

Entspannung in drei Stufen

Das einzelne Gesamtpensum dauert maximal zehn Minuten, man braucht dafür nichts weiter als einen bequemen Stuhl, womöglich mit Armlehnen, nicht allzu grelles Licht und ein ruhiges Zimmer.

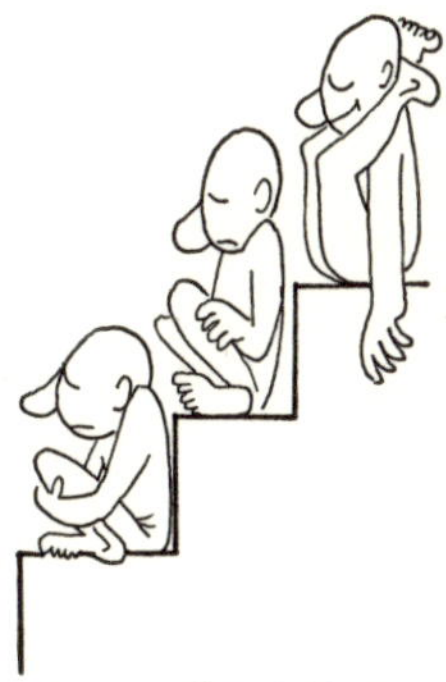

Wie schön! Entspannung in drei Stufen

Wer unvermutete Störungen von außen befürchten muß, sollte lieber die Tür abschließen oder, wenn das nicht möglich ist, die Familie um Ruhe bitten. Ausreden wie: »Ich habe dringend ein wichtiges Lernkapitel durchzuackern« sind durchaus angebracht und erlaubt.

Nötigenfalls lassen sich die Übungen natürlich auch abends im Bett, vor dem Einschlafen, durchführen.

Auf jeden Fall aber sollen die ersten Versuche nicht im Zustand einer bereits bestehenden totalen Verkrampfung unternommen werden, sondern nur dann, wenn der Körper wenigstens einigermaßen lockerungsbereit ist.

Man sitzt (oder liegt) nun so ruhig wie möglich und ballt zunächst die Fäuste ganz fest. (Das dürfte nicht allzu schwerfallen, denn Anlaß zum Fäusteballen gibt es genug.)

Der Druck der eigenen Hände soll so stark sein, daß er als richtig unangenehm empfunden wird. Man konzentriert sich einzig und allein auf die (kurze!) Anspannung in den Händen und denkt intensiv, *wie* ekelhaft dieses Gefühl ist. Dann stellt man die Spannung in drei Stufen wieder ab.

Stufe 1: Muskeln ein ganz klein wenig lockern. Mitdenken: Das ist schon nicht mehr ganz so unangenehm.

Stufe 2: Noch lockerer lassen. Ah, schon viel besser.
Stufe 3: Hände ganz entspannen und intensiv denken: Wunderbar, welche Erleichterung. Das ist ein wirklich gutes Gefühl.

So geht das nun Schritt um Schritt weiter, bis der ganze Körper, Muskel für Muskel, zuerst aufs äußerste angespannt und dann in drei Schritten wieder entspannt worden ist. Also:

Fäuste anspannen, in drei Stufen wieder entspannen.
Fäuste, Unterarme anspannen, in drei Stufen entspannen. Fäuste, Unterarme, Oberarme . . .
Fäuste, Unterarme, Oberarme, Schultern hochziehen . . .
Fäuste, Unterarme, Oberarme, Schultern, Rücken anspannen . . .
Fäuste, Unterarme, Oberarme, Schultern, Rücken, Kinn gegen die Brust drücken . . .
Fäuste, Unterarme, Oberarme, Schultern, Rücken, Kinn, Gesicht (Stirn und Nase in starke Falten legen, Augen und Mund zusammenpressen, Kiefer gegeneinanderdrücken, Zunge gegen den Gaumen pressen) . . .
Fäuste, Unterarme, Oberarme, Schultern, Rücken, Kinn, Gesicht; Bauch einziehen . . .
Fäuste, Unterarme, Oberarme, Schultern, Rücken, Kinn, Gesicht, Bauch; Beine hochheben, wegstrekken. Füße ausstellen und Zehen in Richtung Körper biegen . . . Eins, zwei, drei – das Ganze entspannen!

WICHTIG! Beim Entspannen mitdenken!

Das Allerwichtigste: nach *jeder einzelnen* Anspannung den jeweiligen Körperteil in den drei vorgeschriebenen Stufen entspannen und dabei beobachten, mitdenken, daß mit jeder Entspannungsstufe spürbares Wohlbehagen eintritt.

Der Atem soll nach der letzten Lockerung des ganzen Körpers ruhig und gleichmäßig gehen. Man bleibt mit geschlossenen Augen gelöst sitzen (oder liegen) und achtet auf flaches, nicht hörbares Einatmen sowie auf betontes, hörbares Ausatmen.

Selbstverständlich braucht man die ganze Prozedur von den Fäusten bis zu den Füßen nicht endlos zu wiederholen. Nach zwei, drei Tagen hat jeder den Bogen heraus und ist imstande, den ganzen Körper in einem einzigen Ruck anzuspannen (Achtung: keine einzige Partie darf ausgelassen werden!) und dann in drei Stufen wieder zu entkrampfen. Das Ganze dauert dann nur wenige Sekunden.
Erst fand ich es unsinnig, als mir gesagt wurde, ich sollte diese Übung zweimal täglich durchführen. Jetzt mache ich sie vier- bis fünfmal – wenn ich gerade unbeobachtet bin –, weil ich herausgefunden habe, daß danach alle, aber auch alle Verkrampfungen, die sich im Laufe einiger Stunden angesammelt haben, wie weggeblasen sind.

Zungen- und Schlüsseltrick

Entspannungsroutiniers verschaffen sich schon eine schöne Erleichterung, wenn sie ganz bewußt nur *einen* Körperteil kurz an- und entspannen. Ich zum Beispiel habe mich auf die Zunge, den sensibelsten Muskel des ganzen Körpers, »spezialisiert«. Ich beiße die Kiefer kurz zusammen, drücke die Zunge fest gegen den Gaumen und lockere sie dann langsam, indem ich tief ausatme. Das ist ein bewährtes Hilfsmittel, um in heiklen Situationen, wo man vor Wut zerplatzen oder vor Angst vergehen möchte, fast augenblicklich die Fassung wiederzugewinnen.
Ich erinnere mich an eine Redaktionskonferenz, bei der ein sensationeller Kriminalfall diskutiert wurde. In einem Ziegelteich war die kopflose Leiche eines jungen Mannes gefunden worden, und seit Tagen schon bemühte sich die Polizei vergeblich, die Identität des Ermordeten herauszufinden.
Ohne zu überlegen, warf ich in die Debatte, warum man denn nicht versuchte, den Toten an Hand des Zahnbildes zu identifizieren. Worauf die – sonst ausschließlich männliche – Redaktionsrunde in wie-

herndes Gelächter ausbrach. Das Zahnbild einer Leiche ohne Kopf! Hahaha!

Der Chefreporter ätzte: »Das kommt davon, wenn Weiber sich einbilden, etwas von Kriminalistik zu verstehen.«

Mein erster Impuls war, dem Kollegen die Augen auszukratzen oder heulend davonzulaufen.

Dann aber atmete ich durch, spannte und entspannte die Zunge und sagte leise: »Ich ärgere mich über mich selbst, daß mir ein solcher Unsinn herausgerutscht ist. Und es kränkt mich, daß ich deswegen vor allen öffentlich blamiert wurde.«

Die Kollegen, eben noch drauf und dran, dem Chefreporter begeistert zuzustimmen, wurden schlagartig still. Und einer sagte: »Das war wirklich nicht fair von dir, Peter. So was kann in der Hitze des Gefechts doch jedem von uns passieren.«

Erfolgreicher Trick der Benediktiner

Eine andere, ebenso wirksame Entspannungsmethode kannten die Benediktinermönche schon vor Jahrhunderten. Sie setzten sich vornübergebeugt locker auf einen Hocker, die Ellbogen auf die Knie gestützt, in einer Hand einen Schlüsselbund.

Für einige Sekunden ließen sie sich sinken. In dem Augenblick, da die vollkommene Entspannung erreicht war, fiel der Schlüsselbund aus den schlaffen Fingern und klirrte zu Boden: ein unüberhörbares Signal, die Muskeln wieder anzuspannen und erfrischt neuen guten Taten entgegenzuschreiten.

Ob Totalentspannung, ob Zungen- oder Schlüsseltrick: jeder mag sich das ihm am wirksamsten erscheinende Verfahren selbst aussuchen und es bis zur Perfektion üben. Das dauert erfahrungsgemäß ungefähr zwei oder drei Wochen.

Schöne Gedanken sind wohlfeil

Während dieser Zeit sollte man sich ein weiteres Rüstzeug für die demnächst beginnende systematische Desensibilisierung ein- und angelernter Ängste zulegen: ein möglichst großes Repertoire angenehmer Vorstellungen, die den Ängsten ausgleichend gegenübergestellt werden sollen.

»Du hast leicht reden«, sagte mir der siebzehnjährige Ralph, der höchst begierig war, in die Geheimnisse der systematischen Desensibilisierung einzudringen. »Spannen, entspannen, das ist okay, das läßt sich ziemlich leicht lernen. Wo zum Teufel soll ich aber diese albernen angenehmen Vorstellungen hernehmen? Mir ist mies von der ganzen Welt, und ich sehe weit und breit nichts Erfreuliches.«

Ich bat Ralph, der zu dieser Zeit in einer äußerst depressiven Phase steckte, nicht sogleich die Flinte ins Korn zu werfen und seinen Grips ein bißchen anzustrengen. Es ist nämlich ganz ausgeschlossen, daß ein Mensch keinen Lichtblick sieht, vorausgesetzt, daß er nur die Augen weit genug aufsperrt — und nicht dermaßen in seine Depressionen verliebt ist, daß er einfach nichts sehen *will.*

Eines muß ich allerdings zugeben: wer in düsterer Stimmung ist, tut sich etwas schwer im Herbeizaubern von freundlichen Eindrücken. Ich habe es selbst an mir erlebt.

Liste der Glücksgefühle

Als ich zum erstenmal aufgefordert wurde, mir ganz persönliche und ganz konkrete Vorstellungen des Friedens, der Ruhe und des Glücks zu machen, mußte ich vorerst passen. Die Glücksgefühle, die mir auf Anhieb einfielen, waren ungeeignet, weil durchaus nicht ruhig und mit sehr starken, teils seelischen, teils körperlichen Emotionen verbunden.

Fast eine Stunde lang grübelte ich, bis mir dies einfiel:

Ich sitze im Stiegenhaus meiner Schule und zeichne den Raum perspektivisch. Das ist eine große Auszeichnung, die nur mir und einem zweiten Mädchen zuteil geworden ist. Die anderen müssen in der Klasse bleiben und langweilige Sessel nachmalen.

Später fielen mir immer mehr Glücksmomente in immer rascherer Reihenfolge ein.

Ich weiß, daß all diese Gefühlsbilder einem Außenstehenden nicht das geringste sagen, denn er steckt ja nicht in meiner Haut. Ich zähle dennoch ein paar von ihnen auf, um eine Vorstellung zu geben, wie reich die Palette gefächert sein kann.

- Ich sitze als kleines Mädchen auf dem Wohnzimmersofa und lese ein wunderschönes Märchen; meine Mutter spielt im Salon auf dem Klavier Schuberts Impromptu in As-Dur.
- Ich hocke als Halbwüchsige in den Ästen eines Baumes, während meine Spielkameraden mich verzweifelt suchen. Plötzlich beginnt unmittelbar über mir eine Amsel zu tirilieren.
- Ich wandere über einen Wiesenweg und bleibe fasziniert vor der Blütenpracht eines Heckenrosenstrauches stehen.
- Ich liege mit geschlossenen Augen auf einem Bootssteg und lausche dem leisen Glucksen des Wassers.
- Ich halte meine soeben geborene Tochter in den Armen und bemerke, daß sie die gleichen ulkigen Ohren hat wie ihr Vater.
- Ich fahre mit meinem Mann durch die Toskana zwischen San Gimignano und Volterra im Abendsonnenglanz; aus dem Autoradio tönt ein Orgelkonzert von Händel.

Wenn ich's recht überlege, dann spielt Musik in meinen angenehmen Vorstellungen eine überragende Rolle, obgleich ich es in der Kunst der musikalischen Entspannung nicht annähernd so weit gebracht habe wie mein Freund Robbie.

Einmal fand ich ihn auf dem Teppichboden seines Arbeitszimmers hingegossen. Ich erschrak furchtbar.

»Was fehlt dem Armen?« fragte ich seine Frau.

Sie lachte. »Gar nichts fehlt ihm. Er entspannt sich und hört Musik.« Und dabei war es totenstill in der Wohnung!

Robbie erklärte mir später das Phänomen. Er hat die Gabe, komplette Sinfonien, Opern, Streichquartette, Messen und was immer die Musikliteratur

zu bieten hat von einem »inneren Tonband« abzurufen und dabei neue Kräfte zu schöpfen.
Kunststück: Robbie ist ein weltbekannter Musikwissenschaftler – und wenn der nicht lautlose Musik hören könnte, wer sollte es dann können?
Unsereins muß sich wohl oder übel mit spärlichen Erinnerungen an Amseln und Rosen, Babyohren und Wassergeplätscher zufriedengeben. Doch – Ehrenwort! – es reicht vollkommen.

Kleines Glück – große Wirkung

Keine Angst vor »diffusen Ängsten«

Ehe wir uns nun endgültig in das Abenteuer der systematischen Desensibilisierung konkreter Ängste stürzen, nur noch ein Wort über jene Ängste, denen mit einem solchen Verfahren höchstwahrscheinlich nicht beizukommen ist.
Es handelt sich um die sogenannten »diffusen Ängste«, von denen vorwiegend ganz junge Menschen heimgesucht werden. Sehr schön und genau fand ich eine Beschreibung einer solchen Situation im Brief einer Vierzehnjährigen an die »Kummerbriefspalte« meiner Zeitung.
»Ich weiß nicht, was in letzter Zeit mit mir los ist. Ich werde grundlos rot und gleich darauf wieder blaß. Fühle mich unsicher, bin plötzlich nervös und deprimiert. Aus heiterem Himmel überfällt mich entsetzliche Angst, und ich bekomme Herzklopfen und feuchte Hände. Oft wird mir auch schwindlig. Und manchmal kommen mir ganz, ganz dumme Gedanken, zum Beispiel, daß meine Mutter, die ich sehr liebe, plötzlich sterben könnte. Bin ich noch normal?«
Natürlich war das Mädchen normal – so normal wie alle anderen, die unter ähnlichen Beschwerden und Gefühlen zu leiden haben.
In der Pubertät setzt der »zweite Gestaltwandel« ein (der erste vollzog sich um das sechste Lebensjahr).

Während des sogenannten »puberalen Längenwachstums«, verbunden mit einer drastischen Umstellung des Hormonhaushaltes, kommt alles ein wenig durcheinander. Die Folge dieser Veränderungen ist vegetative Unruhe (Herzklopfen, Rot-und-blaß-Werden, Schwindel), und dadurch gerät auch das seelische Wohlbefinden aus dem Gleichgewicht: himmelhoch jauchzende Momente wechseln mit Phasen tiefstem Unglücklichsein.
Die »unerklärlichen«, die diffusen Ängste sind eine normale Begleiterscheinung solcher Stimmungsschwankungen. Sie werden immer schwächer und geben sich mit der Zeit vollkommen.

Gedanken-Stop

Bleiben aber dennoch die dunklen, die schwer faßbaren Gedanken weiterhin quälend, gipfeln sie gar in Verzweiflung, in vernichtenden Selbstanklagen, dann rät Joseph Wolpe zum »Gedanken-Stop«.
Der Professor behauptet, daß man seinen Gedanken *befehlen* kann, nicht in eine bestimmte Richtung zu gehen.
Stellen sich die peinigenden Ideen ein, dann soll man umgehend zu sich selbst energisch *»STOP!«* sagen und versuchen, an etwas Angenehmes, etwas Positives zu denken. Etwa so:
»Ich bin völlig einsam und verlassen. Ich bin nichts, ich tauge nichts. Kein Mensch versteht mich, niemand liebt mich, wozu bin ich denn überhaupt noch gut auf dieser Welt – *STOP* ... Ich erinnere mich an die wunderschöne Mondscheinfahrt im vergangenen Sommer. Ich freue mich auf die nächsten Ferien. Ich werde wieder auf den See hinausfahren. Vielleicht ist diesmal der Mensch bei mir, der mir der liebste auf der ganzen Welt ist.«
Die Ausrede, daß in gewissen Situationen einfach nichts Positives vorstellbar sei, läßt Wolpe nicht gelten: es gibt nichts absolut Negatives. Es hat nur

augenblicklich diesen Anschein, weil man die bejahenden Gedanken automatisch verdrängt.
Zwar ist es mühevoll, sich in einer tristen Lage etwas Erfreuliches auszudenken, doch es geht — meint Wolpe. Man solle dann die angenehme Vorstellung festhalten, sie ausspinnen, sich in sie hineinsteigern, damit die trüben Gedanken nicht wieder die Oberhand bekommen. Nach ein paar Minuten solle es gelingen, die schwarzen Wolken zu verjagen.

Schwarze Wolken rasch verjagt

Ich habe dies alles mit »möge«, »solle«, »könne« umschrieben, weil ich persönlich noch nie mit dem Gedanken-Stop zurechtgekommen bin. Vielleicht bin ich für diese spezielle Methode unbegabt, vielleicht treibt mich verborgener Masochismus, also Selbstquälerei, dazu, finsteren Grübeleien erst recht nachzuhängen und die Sonnenseiten bewußt zu ignorieren. Ich weiß es nicht.
Tatsache ist, daß ich schon eine Menge Leute getroffen habe, die mit dem Gedanken-Stop ausgezeichnete Erfahrungen gemacht haben. Es sollte mich freuen, wenn er auch dem einen oder andern meiner Leser als Eselsleiter aus pessimistischen Löchern erfolgreich dienen könnte.

5. Unser tägliches »Schulkreuz«

Zu Schulanfang traf ich eine flüchtige Bekannte, ihren sechsjährigen Sohn an der Hand, bange Sorge im Gesicht. Die Frau hat drei Kinder glücklich durch die Schule geboxt. Zwei studieren bereits, das dritte steht unmittelbar vor dem Abschlußexamen. Jetzt, bei der Einschulung ihres kleinen Nachzüglers, verließ sie der Mut.
Sie seufzte und meinte: »Ein viertes Mal halte ich das bestimmt nicht mehr durch. Ich bin am Ende meiner Kräfte.«
Kein Zweifel: die Schule ist in vielen Familien das

Problem Nummer eins, das die Harmonie zwischen Eltern und Kindern am meisten gefährdet. Über die Ursache der Misere ist gerade in letzter Zeit sehr viel Richtiges und ebensoviel Fragwürdiges verbreitet worden. Allgemeiner Tenor: daß »es« heute viel schlimmer sei als in früheren Tagen. Und gerade das glaube ich nicht.

Schulschwierigkeiten hat es schon immer gegeben. Sie wurden nur nicht mit solch ausführlicher Breite medienweit und öffentlich diskutiert.

Als der österreichische Schriftsteller Friedrich Torberg in seinem sensationellen Romanerstling »Der Schüler Gerber hat absolviert« die Nöte eines Primaners vor mehr als vierzig Jahren erschütternd beschrieb, wußte jedermann, daß die Leiden des jungen Gerber kein Einzelfall waren. Torberg erntete literarischen Ruhm — das Schulsystem indes wurde nicht in Frage gestellt. Die Zeit war noch nicht reif dafür.

Wer mir heute weismachen will, daß seine Schulzeit ein ständig sprudelnder Born der Lebensfreude gewesen sei, hat entweder ein schlechtes Gedächtnis, oder er schwindelt. Bestenfalls gestehe ich ihm einen guten Verdrängungsmechanismus zu.

Eine Reihe von Krisen

Ich jedenfalls weiß noch sehr genau, daß es auch in meinen Lernjahren eine Reihe von Krisen gegeben hat, obwohl ich über lange Strecken Klassenerste, manchmal Zweite oder Dritte gewesen bin. Ebenso deutlich erinnere ich mich, daß die meisten meiner Mitschülerinnen gelegentlich in ähnlichen Kalamitäten steckten.

Die schwierigste Phase lag zwischen meinem fünfzehnten und sechzehnten Lebensjahr, ausgelöst durch zwei einschneidende Ereignisse mit Kettenreaktionen.

Erstens erkrankte ich an Scharlach, und zweitens

war es mir dadurch nicht möglich, meinen ersten Ball zu besuchen (das himmelblaue Satinkleid hing bereits im Schrank).
Der Junge, der mein »ständiger Begleiter« war (so hieß es damals natürlich noch nicht), ging allein zu dem Fest. Er verliebte sich prompt in meine beste Freundin – die sie hinfort nicht mehr war.
Als ich nach sechswöchiger Krankheit wieder in die Schule kam, hatte ich jegliche Lust am Leben im allgemeinen und am Lernen im besonderen verloren. Innerhalb eines Semesters rutschte ich von Platz eins auf Platz zehn oder zwölf der erbarmungslosen Leistungshierarchie.

Peinsamer Weg von Krise zu Krise ...

Eine patente Pädagogin

Meine Schuldirektorin setzte dem Ganzen die Krone auf. Sie »tröstete« meine arme, ehrgeizzerfressene Mutter: »Sie müssen sich damit abfinden, meine Liebe, daß bei Mädchen dieses Alters sehr häufig ein markanter Intelligenzknick auftritt. Ihre Tochter wird nun vermutlich auf der geistigen Stufe einer Fünfzehnjährigen stehenbleiben.«
Vier Jahre später schloß mich dieselbe patente Pädagogin gerührt in die Arme und versicherte mir, sie hätte immer schon gewußt, ich würde das Abitur mit Auszeichnung glanzvoll bestehen ...
Von dieser Entwicklung konnte ich mit fünfzehn nichts ahnen. Die Schule erfüllte mich mit Abscheu und Schrecken. Der bloße Gedanke ans Lernen jagte mir Angst ein.
Glücklicherweise nahm sich ein gütiger Onkel meiner an. In monatelangen »Sitzungen« half er mir geduldig über die Lernhürden. Besonders meine Schwachstellen, Mathematik und Latein, nahm er unter die Lupe; er brachte mir nicht nur Verständnis, sondern auch Zuneigung für diese unheimlichen Fächer bei.
Wer aber von den Hunderttausenden, die unter

ständigen oder gelegentlichen Lernhemmungen leiden, kann schon auf solch einen rettenden Engel hoffen? Für die meisten von ihnen ist und bleibt das tägliche Arbeitspensum eine endlose Kette von Qualen, die schon manche Schülerkarriere frühzeitig zum Scheitern gebracht hat.

Geistige Arbeit i s t beschwerlich

Unter diesen Lernängsten verstehe ich nicht die üblichen und natürlichen Arbeitshemmungen, von denen kaum einer ganz verschont bleibt.

Wenn ich nur daran denke, was ich heute alles angestellt habe, ehe ich mich dazu überwand, die Schreibmaschine aufzumachen!

Erst mußte ich niesen und mich ausgiebig schneuzen. Ich bekam einen trockenen Hals, und mir fiel ein, daß ich meinen Morgenmokka noch nicht gehabt hatte. Daraufhin bekam ich Hunger und machte mir ein Wurstbrot zurecht. Die Wurst war zu salzig, ich mußte etwas trinken. Wasser tropfte auf mein Bein, und ich sah eine Laufmasche. Ich holte neue Strümpfe aus dem Schlafzimmerkasten. Dort entdeckte ich eine gewisse Unordnung, die dringend behoben werden mußte. Auch waren die Regale staubig. Ich holte ein Tuch und reinigte sie. Davon bekam ich schmutzige Hände. Als ich mich wusch, bemerkte ich häßliche Flecken auf den Wasserhähnen. Ich fand das Putzmittel nicht und ging ein neues kaufen. Der Drogist erzählte mir eine lange Geschichte, deren Pointe darin bestand, daß ihn die Arbeit nicht mehr freute. Da fiel mir ein, daß ich eigentlich auch arbeiten wollte, bekam ein schlechtes Gewissen, raste nach Hause – und schrieb siebeneinhalb Seiten in einem Schwung ...

Jeder hat manchmal Arbeitshemmungen

Arbeitshemmungen dieser Art treten sporadisch bei jedem auf. Denn die Tatsache ist nicht wegzudiskutieren, daß geistige Arbeit (und Lernen gehört nun einmal dazu) eine beschwerliche Angelegenheit ist.

Der Wunsch, sich davon zu drücken, ist weltweit verbreitet.
Wer also nur gelegentliche Fluchtreaktionen zeigt, möge sich dabei beobachten und sich einfach einen Ruck geben. Dann geht es schon wieder.
Schwere und chronische Lernhemmungen hingegen widerstehen mit erschreckender Hartnäckigkeit allen guten Vorsätzen.

Lernangst — tief eingegraben

Die echte, die tiefe Lernangst ist mehr als ein augenblickliches Bedürfnis zu »kneifen«. Sie wurde in einem langwährenden Prozeß angelernt, immer wieder verstärkt und tief eingegraben. Sie läßt sich nicht mit ein paar energischen Worten vertreiben.

Leidensweg des Mädchens Ursula

Nehmen wir Ursula, ein etwas scheues, sensibles Mädchen, das in der Volksschule eine ausgezeichnete Schülerin war. Unter der behutsamen Anleitung einer klugen Lehrerin, die stets auf Ursula einging, machte ihr das Lernen Spaß. Ihre geistige Entfaltung ging prächtig voran.
Ursulas Leidensweg begann mit Eintritt in die höhere Schule. Ursula fand keinen rechten Anschluß an ihre Mitschülerinnen. Das neue Schulsystem und der ständige Wechsel der Lehrer verwirrte sie.
Sie hatte nie leicht gelernt; nun kam sie mit den Hausarbeiten immer schlechter zu Rande. Die ersten mündlichen Prüfungen und schriftlichen Arbeiten gingen daneben. Ursula wurde noch unsicherer — was neue Mißerfolge herbeiführte.
Die Eltern bezichtigten sie der Faulheit. Ursula aber wußte: sie war nicht faul, sie hatte immer gelernt. Sie fühlte sich schließlich als totaler Versager. Mittlerweile hat sie dreimal die Schule gewechselt, zahllose Hauslehrer »verbraucht«. Jetzt ist sie vierzehn Jahre alt und kommt nur unter Aufbietung aller Kräfte über die Schulrunden. Das Lernen ist ihr ein Horror.

Ist Peter ein »Volltrottel«?

Ähnlich ergeht es Peter, 16, der sich seit Jahren in einer »Formkrise« befindet, wie er mit einem schiefen Lächeln zugibt. Tatsache ist, daß er von seinen Eltern zu stark angetrieben und überfordert wird. Ließe man ihn in Ruhe, er könnte die Schule unter »ferner liefen« mit einigem Anstand hinter sich bringen. Aber nein: er soll womöglich der Beste sein. Eine schlechtere Note als »2« bringt seine Mutter bereits aus der Fassung.

Ein Teufelskreis des Lernversagens

Natürlich geht er das nächste Examen mit stark angeschlagenem Selbstvertrauen an, und wieder fällt das Ergebnis wenig befriedigend aus, obwohl er wie ein Verrückter gebüffelt hat. Das Lernen, das sowieso zu nichts führt, wird immer verhaßter.

Schließlich drückt er sich davor, wo er kann. Wenn dies nicht möglich ist, sitzt er vor seinen Büchern, Würgen im Magen, Leere im Kopf. Keine Vokabeln, keine Formel will in seinem armen Hirn hängenbleiben.

»Glauben Sie nicht auch, daß ich ein Volltrottel bin?« fragte mich Peter.

Nein, das glaube ich nicht. Ich glaube nur, daß es allerhöchste Zeit ist, Peters Lernängste zu desensibilisieren.

Peter lernt zunächst Entspannung, wie ich es im vorigen Kapitel beschrieben habe. Zudem spürt er – übrigens mit größtem Einfallsreichtum – angenehme Vorstellungen auf.

Dann macht er sich daran, eine Angsthierarchie aufzustellen. Der stärkste Reiz ist natürlich die Vorstellung: »Ich sitze vor meinem Schreibtisch und schlage die Bücher auf.«

Schwächster Reiz: »Ich gehe aus der Schule, und es fällt mir ein, daß ich im Laufe des Nachmittags wohl oder übel meine Aufgaben machen muß.«

Was dazwischen liegt, hat sich Peter in einigen Stunden mühsam zusammengegrübelt. Diese Anstrengung aber hat ihm keinen Widerwillen verursacht. Denn allein schon die Aussicht, daß ein Problem gelöst werden *könnte*, läßt es nicht mehr so drückend erscheinen.

Nachdem Peter sich seine Angsthierarchie gut eingeprägt hat, setzt er sich bequem in einen Stuhl, entspannt sich und ruft eine angenehme Vorstellung herbei. Dann konzentriert er sich auf: »Ich gehe aus der Schule, und es fällt mir ein, daß ...«

Peter atmet ruhig und flach. Er achtet darauf, ob er vollkommen entspannt bleibt. Rührt sich auch nur ein Muskel, zuckt ein Lid, wird gar der Gaumen trocken und der Herzschlag schneller, dann bricht er sofort die geistige Vorstellung ab und konzentriert sich wieder auf angenehme Gedanken.

Hat er *dreimal hintereinander* die Idee: »Ich gehe aus der Schule ...« in perfekter Ruhe hinter sich gebracht, dann ist die erste Angststufe gelöscht. Peter kann die zweite in Angriff nehmen — aber nicht vor dem nächsten Tag. Eine Ruhepause von vierundzwanzig Stunden ist unbedingt nötig.

Am folgenden Tag wird noch einmal kurz Stufe 1 überdacht. Ist noch immer alles in Ordnung, dann kann die zweite in Angriff genommen werden.

Die Hierarchie ist zu schwer!

Peters Angsthierarchie sieht zunächst folgendermaßen aus:

1. Ich gehe aus der Schule, und es fällt mir ein, daß ich im Laufe des Nachmittags wohl oder übel meine Aufgaben machen muß.
2. Ich komme nach Hause. Meine Mutter fragt, ob wir heute viele Aufgaben haben.
3. Ich gehe Händewaschen. Meine Mutter sagt, ich soll nicht so trödeln und ob ich soviel Zeit übrig hätte.
4. Wir setzen uns zu Tisch. Meine Mutter fragt, welcher Art denn die Aufgaben heute seien.

5. Ich nehme mir ein Buch vor, das ich für eine spätere Schularbeit lesen soll und das mich interessiert. Meine Mutter fragt, ob ich für morgen nichts Dringenderes zu lernen hätte.
6. Ich rufe einen Freund an und frage ihn, ob ich die Matheaufgabe richtig verstanden habe.
7. Ich hole meine Schulmappe aus dem Vorzimmer.
8. Ich packe die Schulmappe aus.
9. Ich lege die Bücher auf meinen Schreibtisch.
10. Ich schlage ein Buch auf und beginne zu lernen.

Der erste Versuch der Desensibilisierung geht schief! Stufe 1 ist nicht zu löschen. Peter bekommt bereits Magenkrämpfe, wenn er sich vorstellt, daß er aus der Schule geht und ihm das Aufgabemachen einfällt.

Zwischenstufen einbauen!

Wie wir bereits im dritten Kapitel gesehen haben, zerlegt Professor Wolpe die Angst bei Bedarf in noch dünnere »Scheiben«. Er trachtet, den Anfangsreiz knappest unter die Erregungsschwelle zu legen — und sei es, daß er einen toten König erfindet, den es gar nicht gegeben hat.

Angst läßt sich wie Wurst in Scheiben schneiden

Peter probiert es mit der Vorstellung: »Ich gehe aus der Schule« und läßt den Gedanken an die Aufgaben ganz weg. Aber auch das funktioniert nicht. Der Schulschluß liegt zu nahe am nachmittäglichen Lerntermin.

So läßt er denn in seiner Phantasie eine ganze Zeit verstreichen, ehe er zu dem Punkt kommt, da er unbarmherzig nach Hause und an den Schreibtisch muß. Und siehe — so klappt es allmählich.

1. Ich gehe am Morgen in die Schule.
2. Der Vormittag ist ganz vergnüglich. Ich werde überhaupt nicht geprüft.

Dann, als Stufe 3: Ich gehe aus der Schule, die Aufgaben fallen mir ein.

Leider noch immer zu stark! Also:

3. Ich gehe aus der Schule.
4. Ich treffe einen Freund, und wir schwatzen ein wenig über Fußball.
5. Ich treffe einen anderen Freund. Er erzählt, daß er noch einige Aufgaben von gestern nachzuholen hat.

Hurra! Das ist tragbar: die Aufgaben werden einfach an einen anderen delegiert, und da tut der Gedanke plötzlich nicht mehr weh.

Als Stufe 6 versucht Peter nun: »Ich komme nach Hause, und meine Mutter fragt, ob wir viele Aufgaben haben.« Aber auch das haut nicht hin.

Da die Begegnung mit der Mutter weder in der Realität noch in der Vorstellung vermeidbar ist, wird die Mama im nächsten Gedankenversuch »neutral« eingeführt.

Stufe 6 lautet darum jetzt: »Ich komme nach Hause, meine Mutter begrüßt mich freundlich und sagt, heute gibt es meine Lieblingsspeise.«

Erst nach einigen weiteren, wenig belastenden Schritten bringt die Mutter die gefürchtete Aufgabenfrage vor. Es bedarf noch dreier zusätzlicher Passagen, ehe die mütterlichen Vorwürfe in die Hierarchie eingebaut und desensibilisiert werden können.

Noch einen Trick läßt sich Peter einfallen: er fügt den Worten der schimpfenden Mutter eine sein Selbstbewußtsein verstärkende Aufmunterung hinzu:

- Meine Mutter fragt, ob ich nichts Besseres zu tun habe. Ich lasse mich nicht irritieren.
- Meine Mutter sagt, ich soll rascher essen, damit ich endlich an meine Arbeit komme. Ich lasse mich nicht irritieren.
- Meine Mutter behauptet, daß alle anderen besser lernen als ich. Ich lasse mich nicht irritieren. Ich weiß, daß ich meine Aufgaben nicht schlechter mache als meine Kollegen.

Und gegen Ende der Hierarchie, dort, wo es kritisch

wird, fügt Peter einen weiteren Hilfssatz ein: »Ich packe meine Bücher aus und lasse mich nicht irritieren. Ich weiß, daß ich meine Aufgaben nicht schlechter mache als alle anderen. Ich freue mich, wenn ich fertig bin. Dann werde ich Platten hören.«

Und endlich: »Ich schlage das Buch auf und beginne zu lernen. Ich weiß, daß ich nicht schlechter arbeite als die anderen. Ich freue mich, wenn ich damit fertig bin. Dann werde ich Platten hören.«

Langwierig – aber lohnend

Neulinge in der Kunst des Desensibilisierens werden bis zu zwanzig Stufen brauchen, ehe sie jede einzelne angstfrei überklettern können. Das heißt: die gesamte Prozedur dauert mindestens drei Wochen.

Auch darf nicht verschwiegen werden, daß Rückschläge möglich sind. Der Prozeß muß dann bei der letzten angstfreien Stufe von vorn begonnen werden. Unter Umständen können fünf, sechs Wochen vergehen, ehe das Lernen, wenn schon nicht zum Vergnügen, so doch immerhin zu einem erträglichen Ungemach wird. Doch ehrlich: was sind schon ein paar Wochen, gemessen an der jahrelangen Pein, die schon manchen in die Resignation getrieben und damit um alle Berufs- und Lebenschancen gebracht hat!

Was sind wenige Wochen gegen jahrelange Pein?

Peter erzählte mir später, daß er manchmal drauf und dran war, die Flinte ins Korn zu werfen. Immer wieder aber haben ihn die winzigen Erleichterungen, die er während der Übungen verspürte, ermutigt – und seinem Ziel ein Stück näher gebracht.

Der schreckliche Dr. K.

Meine Lernhemmungen, ich erzählte es bereits, habe ich mit Hilfe eines lieben Nachhilfeonkels überwunden. Das hat damals fast ein Jahr gedauert. Ich

beneide von Herzen die heutigen Schüler, die das Kunststück durch systematische Desensibilisierung schon in ein paar Wochen zustande bringen.
Aber auch noch an einem anderen, vielgefürchteten »Schulkreuz« hatte ich schwer zu tragen. Und das nicht nur durch Wochen, Monate oder Jahre, sondern bis weit in mein Berufsleben hinein. Es war die Angst vor einem ganz bestimmten Lehrer.
Er hieß Dr. K. Er war groß und hager, hatte harte blaue Augen, eine gelbliche Glatze und einen weißen Spitzbart. Dr. K. unterrichtete Deutsch (ausgerechnet mein Lieblingsfach), und er konnte mich nicht leiden — der Himmel weiß, warum. Obwohl ich mit Begeisterung lernte — sogar viel mehr lernte und las, als vorgeschrieben war —, obwohl ich gute und flüssige Aufsätze schrieb, versäumte er keine Gelegenheit, mich fix und fertig zu machen.

Ein blindes Huhn ...

Kam bei der Prüfung die Antwort nicht wie aus der Pistole geschossen, mußte ich nur einen Augenblick nachdenken, sagte er: »Ich habe mir ja gedacht, daß du wieder einmal nicht ordentlich vorbereitet bist.« Konnte er beim besten Willen nicht umhin, mir eine gute Note zu geben, meinte er ätzend: »Na ja, ein blindes Huhn findet auch einmal ein Korn.«
Kein Wunder, daß ich mich bei Prüfungen des Dr. K. immer häufiger verhaspelte. Die Angst verlegte mir sogar die Ohren: selbst wenn die ganze Klasse lautstark einsagte, verstand ich kein Wort. Einmal schloß ich mich für eine volle Stunde ins Klo ein, nur um einer Prüfung zu entgehen.
Ein Wunder ist es, daß ich in Deutsch nicht total versagte, sondern die Zeit des schrecklichen Dr. K. mit heiler Haut (aber wunder Seele) überstand. Als Dr. K. pensioniert und durch die zauberhafte Frau Dr. R. abgelöst wurde, avancierte ich schlagartig zum Deutschstar.

Die Angst allerdings vor allen großen, hageren Männern mit blauen Augen, womöglich noch mit gelblicher Glatze und weißem Spitzbart, blieb mir noch lange treu.

Berühmter Mann mit Herz

Ausgerechnet der erste bedeutende Mann, den ich am Anfang meiner Journalistenlaufbahn zu interviewen hatte, war dem schrecklichen Dr. K. wie aus dem Gesicht geschnitten.

Als er mich stahlblau anfunkelte, sauste mir das Herz in die Hose. Ich saß da wie ein hypnotisiertes Karnickel und brachte kein einziges Wort hervor. Ziemlich ungeduldig sagte er schließlich: »Wenn Sie mich etwas fragen wollen, tun Sie es bitte gleich. Meine Zeit ist nämlich beschränkt.«

Da war es um meine Fassung endgültig geschehen. Obwohl ich mich verzweifelt dagegen wehrte, fühlte ich, wie mir die Tränen in die Augen stiegen.

Ein berühmter Mann reagiert menschlich

Zum Glück war der berühmte Mann weitaus menschlicher als der schreckliche Dr. K. Er stand auf, überreichte mir feierlich sein Taschentuch und sagte: »Na, na, kleines Fräulein, ich beiße doch nicht.«

Damit war der Bann gebrochen. Ich entschuldigte mich, und der berühmte Mann war diskret genug, keine weiteren Fragen zu stellen – so als ständen heulende Reporterinnen auf seinem täglichen Stundenplan.

Es wurde ein sehr angenehmes, ein sehr gutes Interview, das mir eine Menge Lob einbrachte. Den berühmten Mann habe ich erst Jahre danach wiedergetroffen. Zum Glück konnte er sich nicht mehr an mich erinnern.

Die Angst vor Männern, die dem schrecklichen Dr. K. ähnlich sehen, bin ich übrigens seither auch losgeworden.

Heute weiß ich, daß sich auch die hartnäckigste

Angst vor einem bestimmten Lehrer — oder einem anderen gefürchteten Menschen — in ziemlich kurzer Zeit löschen läßt. Steckte ich noch einmal in meiner Haut von damals, dann würde ich es tun. Und zwar so:

Nicht jeder kann mich lieben

Ehe ich eine Angsthierarchie aufbaue, mache ich mir Gedanken, warum Dr. K. so allergisch auf mich reagiert. Es bieten sich drei Möglichkeiten an:
a) Ich erinnere ihn an jemanden, den er nicht leiden kann. Er überträgt seine Abneigung gegen diese Person unbewußt auf mich.
b) Er hat private, persönliche Sorgen, die ausgerechnet durch mich verschärft werden. (Ein markantes Beispiel, das ich vor nicht allzulanger Zeit erfahren habe: Eine Lehrerin hat durch die Schuld jugendlicher Mopedrowdies ihre einzige Tochter verloren. Seither verfolgt sie alle jene Schüler, von denen sie weiß, daß sie ein Moped besitzen, mit Haß und unnachsichtiger Strenge. Merke: Auch Lehrer sind Menschen mit sehr vielen menschlichen Fehlern und Schwächen!)
c) Er kann gewisse Typen von Schülern (entweder große oder kleine, übersensible oder nervöse, vorlaute oder verschlossene) aus irgendeinem Grund nicht ausstehen.

Zum Anfang drei wichtige Überlegungen

Das Fazit meiner Überlegungen: da ich nicht in ihn hineinschauen kann, werde ich nie erfahren, was nun eigentlich wirklich der Grund für seine Abneigung ist. Daß einer bestehen muß, ist mir klargeworden, und ich beschließe, die Tatsache zu akzeptieren. Okay, er mag mich eben nicht. Man kann nicht von allen Menschen geliebt werden, genauso, wie es mir unmöglich ist, alle Leute gleich sympathisch zu finden.
Die Angst vor Dr. K. ist aber mittlerweile so stark in mir verwurzelt, daß noch so vernünftige Über-

legungen nichts fruchteten. Sie sind aber eine nicht zu unterschätzende Hilfe und Unterstützung bei den Desensibilisierungsübungen.

Die drei Launen des Dr. K.

Ich weiß, daß ich mit größter Behutsamkeit an die Bewältigung meines Problems herangehen muß, und zerschneide daher meine Angst in hauchdünne »Scheibchen«.

Vorerst stelle ich mir Herrn Dr. K. in *sprühend guter Laune* während der folgenden Situationen vor:

- Er betritt die Klasse.
- Er trägt neuen Lehrstoff vor und stellt keine Fragen.
- Er prüft, nimmt aber nur diejenigen an die Reihe, die sich freiwillig melden.
- Er prüfte, aber ich weiß, daß ich heute sicher nicht drankomme, weil er stets nur in der Reihenfolge des Alphabets aufruft.

Wenn diese fünf Schritte bewältigt sind, die Angst vor den einzelnen Situationen gelöscht ist, gehe ich sie noch zweimal durch. Ich male mir einen Dr. K. in neutraler und zu guter Letzt in miserabler Laune aus.

Habe ich auch dies hinter mich gebracht, dann kommt die nächste Serie von Angst-»Scheibchen« dran, und zwar wieder in den drei Varianten: gut aufgelegt, neutral und in Donnerwetterstimmung.

- Dr. K. betritt die Klasse.
- Dr. K. nimmt sein Notizbuch vor und beginnt zu prüfen.
- Er ruft mich auf.
- Ich stehe auf und gehe zur Tafel.
- Die erste Frage ist ganz leicht. Ich habe mich gründlich vorbereitet, und die Antwort geht mir glatt über die Lippen.

Beim Desensibilisieren des letzten Bildes füge ich noch hinzu: »Die Frage bleibt immer dieselbe, ob

Dr. K. nun guter oder schlechter Laune ist. Und auch mein Wissen bleibt dasselbe. Ich habe gut gelernt, ich lasse mich nicht irritieren.«
Der erste Schritt zur Besserung meiner Lehrerangst ist getan, sobald mir die einzelnen Desensibilisierungsphrasen beim Wiederholen der Szenen zum Hals herauszuhängen beginnen und ich mir sage: »Zum Kuckuck, das weiß ich jetzt doch wirklich schon alles.«

Das hilfreiche Tonband

Doch ach, das Wissen allein genügt nicht ganz. Es läßt sich nicht vermeiden, daß ich dem schrecklichen Dr. K. wiederholt begegne, bevor mein Desensibilisierungsprogramm vollständig abgewickelt ist. Natürlich werde ich vor ihm zittern, aber ich lasse mich nicht mehr so völlig aus der Fassung bringen und entmutigen wie vorher. Wenn das Entsetzen über neuerliches Versagen in mir abgeklungen ist, werde ich die spezielle Szene in meine Hierarchie aufnehmen.

Wohl dem, der ein Tonbandgerät hat!

Eine zusätzliche große Hilfe ist mein Tonbandgerät: ich nehme verschiedene Prüfungssituationen aufs Band. Ich spreche die Frage des Dr. K., drücke die Aus-Taste, entspanne mich und stelle mir vor, daß mir die Antwort leichtfallen wird. Dann drücke ich auf die Aufnahmetaste und spreche.
Kontrolle: Wie klingt meine Stimme? Ruhig, deutlich? Dann kann ich getrost zur nächsten Frage übergehen. Wenn ich hingegen stottere, mich verspreche, wenn die Stimme leise, belegt klingt, dann schalte ich ab und beginne noch einmal von vorn. Bis es endlich klaglos klappt.
Während der nächsten Desensibilisierungsübungen sage ich mir vor, daß Fragen und Antworten auch in Wirklichkeit genau die gleichen sind wie auf dem Tonband. Was ich daheim spielend bewältigt habe, kann ich auch in der Schule. Und immer wieder das

Gebot: »Ich lasse mich durch Dr. K. nicht verwirren.«
Mein Auftreten in der Schule wird zunehmend sicherer. Ich biete Dr. K. nicht mehr so viele Angriffsflächen. Und allmählich wird sich dadurch auch sein Verhalten mir gegenüber ändern. Vorausgesetzt natürlich, daß ich nach wie vor gut vorbereitet bin.

Redeangst – angelernt

»Was nützt mir das alles«, sagte der sechzehnjährige Horst, nachdem er die vorliegenden Kapitel gelesen hatte. »Ich lerne gern. Ich habe keine sonderlichen Schwierigkeiten mit den Lehrern. Aber ...«
»Aber was?«
Achselzucken. Horst betrachtete intensiv seine schönen, kräftigen Hände. Und schwieg.

Wie Horst Redeangst »gelernt« hat

Ich kenne Horst. Und zwar schon von Kindesbeinen. Er ist in »fabelhafter« Zucht und Ordnung aufgewachsen: das elterliche Idealbild eines wohlerzogenen jungen Mannes. Immer höflich. Immer hilfsbereit. Nie aufsässig. Nur eben: ein Schweiger.
Was manche als Vorzug ansehen, bedeutet für Horst ein schweres Handikap. Man hat ihm so lange vorgepredigt, daß Babys, Kinder, Halbwüchsige den Mund zu halten haben, bis er im Laufe der Jahre eine richtige Redeangst »gelernt« hat. Nun, als fast Erwachsener, dürfte, sollte er mit einemmal mitreden, womöglich von sich aus das Wort ergreifen. Er kann es nicht.
Es kostet ihn schon Überwindung, an einem fremden Kiosk die Zeitung zu verlangen. Wenn er aber vor versammelter Klasse ein Referat (mit Notizzettel!) halten soll, gerät er in Panik.
Trotzdem hat sich Horst zu einem Wettbewerb in *freier* (!) Rede anläßlich des bevorstehenden Stiftungsfestes seiner Schule gemeldet. Mit einem Ge-

waltstreich will er sich zwingen, seiner Redeangst Herr zu werden.
»Du bist wahnsinnig«, fuhr ich ihn an. »Du kommst mir vor wie einer, der sich vor einem Schoßhündchen fürchtet – und sich dann in einen Zwinger voll ausgehungerter Bluthunde sperren läßt. Weißt du, was das Ende vom Lied sein wird? Entweder du drückst dich im letzten Augenblick oder du gehst trotzdem hin und erlebst ein Debakel. Einen solchen Schock überwindest du in Jahren nicht.«
»Hm«, machte Horst bedrückt. »Ich habe mir auch schon überlegt, ob es nicht gescheiter ist, ich spiele im letzten Augenblick einfach krank.«

Lebenslang »kneifen«?

»Das könnte dir so passen! Hast du denn noch immer nicht begriffen, daß dich ein solches ›Vermeidungsverhalten‹ zum lebenslangen Kneifen animiert?« (Da ich mit Horst nicht verwandt bin, macht es ihm nichts aus, daß ich ihn gelegentlich anbrülle. Er spürt genau, daß ich ihn nicht bevormunden, sondern ihm nur helfen will, und zwar dort, wo auch er will, daß ich ihm helfe.)
Wir einigten uns, die noch verbleibende Zeit bis zum Stiftungsfest zur Löschung seiner Redeängste zu nützen.
Zunächst erarbeiteten wir einen groben Raster für die spätere Angsthierarchie. Dabei stellte sich heraus, daß Horst spontanes Sprechen etwas weniger fürchtet als eine längere, wenn auch vorbereitete Rede. Die Gegenwart freundlich gesinnter Bekannter irritiert ihn nicht so stark wie die Anwesenheit kritischer Fremder. Daraus resultiert diese Hierarchie:

Grober Raster für die Angst-Hierarchie

1. Ich rede ganz kurz mit einem sehr guten Freund.
2. Ich rede ein wenig länger mit einem guten Freund; ein weiterer Bekannter hört zu.
3. Ich rede längere Zeit mit mehreren Bekannten.

4. Ich rede kurz mit ein bis zwei Unbekannten.
5. Ich rede länger mit zwei Unbekannten.
6. Ich rede kurz mit mehreren Unbekannten.
7. Ich rede länger mit einer Gruppe aus mehreren Bekannten und mehreren Unbekannten.
8. Ich rede längere Zeit mit einer Gruppe gänzlich Unbekannter.
9. Ich halte ein sehr gut vorbereitetes Referat vor einer kleinen Gruppe guter Bekannter.
10. Ich halte ein sehr gut vorbereitetes Referat vor einem Kreis gut und weniger gut Bekannter.
11. Ich halte ein weniger gut vorbereitetes Referat vor Freunden.
12. Ich halte ein weniger gut vorbereitetes Referat vor Freunden und ein bis zwei Fremden.
13. Ich halte ein sehr gut vorbereitetes Referat vor einer Gruppe Fremder.
14. Ich halte ein weniger gut vorbereitetes Referat vor einigen Fremden.
15. Ich halte ein weniger gut vorbereitetes Referat vor vielen Fremden.

Der Gedanke, daß der Musterschüler Horst zu einem Referat, noch dazu vor vielen Fremden, mangelhaft vorbereitet gehen könnte, ist natürlich absurd. Der Zweck dieser Szenen der Angsthierarchie ist, Horst auch die Angst vor einer Situation zu nehmen, die nur in seiner schwärzesten Phantasie existiert. Wer sich vor seinem Publikum nicht fürchtet, dem er schlecht vorbereitet gegenübertritt, wird es um so weniger tun, sobald er ausgezeichnet präpariert ist.

Versuche in der Praxis

Die Zeit bis zum Stiftungsfest wird ziemlich knapp. Ich schlage Horst darum vor, die einzelnen desensibilisierten Schritte jeweils gleich in die Praxis umzusetzen. Er soll Buch darüber führen, ob die Situationen in der Realität »leicht«, »mittelschwer« oder »schwer« zu bewältigen waren.

Zum Beispiel: Sobald er die Szene »Ich rede länger mit zwei Unbekannten« in seiner Vorstellung ruhig und entspannt erlebt hat, soll er sie sich laut (oder halblaut – wegen der eventuell lauschenden Familie) selbst vorsprechen, und zwar mehrmals hintereinander.

Am nächsten Tag tritt er in der Schulpause auf zwei fremde Schüler zu, spricht sie an und versucht, eine Unterhaltung herbeizuführen. Ist ihm das leichtgefallen, kann er einen Schritt weitergehen.

Wenn's nicht weitergeht: Zwischenstufen!

Gibt es hingegen den üblichen trockenen Mund, stellt sich Herzklopfen ein, dann muß er die ganze Serie: Vorstellung – Vorspielen – reale Situation wiederholen. Fühlt er sich auch beim dritten Versuch noch nicht locker, dann muß er sich eine neue Szene ausdenken, eine Zwischenstufe einschalten. Also:

Stufe 3 (die Horst auch in der Realität spannungsfrei bewältigt hat): »Ich rede längere Zeit mit mehreren Bekannten« darf nicht gleich von Stufe 4 gefolgt werden: »Ich rede kurz mit ein bis zwei Unbekannten.«

Es muß vielmehr ein weiterer kleiner Schritt eingeschoben werden, etwa: »Ich rede mit zwei guten Bekannten, während ein Unbekannter daneben steht.«

So arbeitet sich Horst langsam vom Tiefparterre seiner Redeangst in den obersten Stock freier Rede hinauf. Zugegeben, es braucht seine Zeit, und es braucht Geduld; aber es leuchtet ein, daß kein Mensch mit einem einzigen Sprung vom Parterre in Wolkenkratzerhöhe gelangen kann.

Horst hat auch sehr bald begriffen, daß er sich über jeden, auch den kleinsten Teilerfolg freuen und ihn als solchen anerkennen soll.

Der trostreiche Demosthenes

Ich erkläre Horst: »Wenn du mit dir unzufrieden bist und ewig an dir herumnörgelst, purzelst du ganz leicht von einer Stufe, die du schon erklommen hast, wieder hinunter. Dabei kann es passieren, daß du plötzlich mit einem Plumps im tiefsten Keller landest und noch mehr Redeangst bekommst als je zuvor.«

Horst ist mittlerweile bereits auf Stufe 9 angelangt und hat für ein kurzes Referat vor der eigenen Klasse zum erstenmal die Traumnote »1« bekommen. Wir sehen beide dem freien Redewettbewerb zum Stiftungsfest mit einigermaßen berechtigtem Optimismus entgegen.

Heftigen Auftrieb erhielt Horst zusätzlich, als ich ihn daran erinnerte, daß auch ein so großer und weltberühmter Redner wie Demosthenes Startschwierigkeiten hatte.

Überflüssig zu erwähnen, daß Horst in der Schule *alles* über Demosthenes gelernt, nur eben das eine erfolgreich verdrängt hatte, daß der größte Redner Griechenlands am Beginn seiner Karriere ein Totalversager war. Für seine lispelnd und stotternd vorgetragenen Reden erntete er nichts als Spott und Hohn.

Demosthenes kämpfte mit einem Kieselstein im Mund gegen das Stottern. Er stärkte seine Lunge, indem er bergauf lief und dabei laut rezitierte. Einem Tick, ständig mit der Schulter zu zucken, ging er ebenfalls zu Leibe: er stellte sich einfach unter eine Schwertspitze. Und er rasierte die Hälfte seines Haupthaares ab, um nicht in Versuchung zu geraten, die Studierstube zu verlassen.

Beim letzten Punkt der Demosthenes-Anekdote war Horst endgültig überzeugt, daß die systematische Desensibilisierung denn doch die leichtere Methode sei: seine langwallende Mähne ist ihm nämlich heilig.

Demosthenes-Glatze muß nicht sein ...

Ein unfreudiges Ereignis.

Meine Freundin Kathy, Medizinstudentin im vierten Semester, wurde von einer schweren, einer anstekkenden (und unter besonders bösen Umständen lebensbedrohenden) Krankheit befallen. Kathy leidet an Prüfungsangst.

Demnächst soll sie, leider schon zum drittenmal, in Physik antreten. Sie blickt dem unfreudigen Ereignis mit der bitteren Resignation eines Todeskandidaten entgegen, dessen Hinrichtung nach zweimaliger Verschiebung nun endgültig stattfinden soll.

Kathy, einst ein hübsches, blühendes Mädchen, ist nur noch ein Schatten ihrer selbst. Bleiche Wangen, Ringe um die Augen, hängende Schultern.

Wenn sie an die Prüfung denkt – und sie muß derzeit immer daran denken –, wird ihr übel. Sie hat bereits vier Kilo abgenommen.

Prüfungsangst – aus purem Leichtsinn!

Wie fast jede Angst, hat auch diese Prüfungsangst eine sehr reale Ursache: Nachdem Kathy, eine gute Lernerin und selbstbewußte Prüfungskandidatin, durch all die Schuljahre sämtliche Examen sozusagen mit der linken Hand geschafft hatte; nachdem auch die ersten kleinen medizinischen Befragungen geradezu spielerisch über die Bühne gegangen waren, wurde die junge Dame ein wenig leichtsinnig.

Ausgerechnet für die Physikprüfung bereitete sie sich nicht mit der üblichen Gewissenhaftigkeit vor. Wichtigeres gab es zu tun. Ein neuer Freund. Eine neue, spontane Leidenschaft für heitere Abendrunden in gemütlichen kleinen Weinlokalen.

Ein wenig Trotz mag wohl auch dazugekommen sein.

Wenn Kathys Mutter leise klagte: »Wieso gehst du schon wieder aus? Solltest du nicht lernen?«, dann reagierte Kathy widerborstig. »Jetzt bin ich bald neunzehn. Ich weiß doch selbst am besten, wie ich die Arbeit einteilen muß. Außerdem hat mir Physik noch nie Schwierigkeiten gemacht.«

Bedauerlicherweise hat Kathy übersehen, daß zwischen Schulphysik und medizinischer Physik ein ungewaltiger Unterschied besteht. So nahm das Unheil seinen Lauf. Schon nach der zweiten Frage sagte der Professor bedauernd: »Liebes Fräulein, es tut mir sehr leid. Aber ich glaube, es ist besser, Sie kommen erst dann wieder, wenn Sie gründlicher studiert haben.«

Die Zukunft steht auf dem Spiel

Beim zweiten Versuch *war* Kathy exzellent vorbereitet. Da hatte sie aber schon die Krankheit mit Namen »Prüfungsangst« befallen. Sie brachte nicht viel mehr als ein heiseres Krächzen hervor. Kinderleichte Fragen, die sie tags zuvor noch im Schlaf beantworten konnte, erwiesen sich als Fallgruben, in die Kathy prompt hineinstolperte.

Der Professor sagte, nun schon nicht mehr ganz so freundlich: »Das genügt leider noch immer nicht. Sie haben noch eine letzte Chance, in ein paar Wochen.«

Geprüft werden Nerven und Stehvermögen!

Diese »letzte Chance« ist zu einer fixen Angstidee geworden. »Physik« heißt zwar noch immer der Gegenstand des nächsten Examens. Geprüft werden aber längst nicht mehr allein die Kenntnisse eines naturwissenschaftlichen Faches. Geprüft werden vor allem Kathys Nerven, ihr Stehvermögen, ihre Phantasie, die sich in immer gräßlicheren Bildern die Folgen eines neuerlichen Versagens ausmalt.

Denn: auf dem Spiel steht letzten Endes Kathys Zukunft. Die Beziehung zu ihren Eltern (»Wie enttäuscht werden sie sein . . .«) wird in Mitleidenschaft gezogen. Und gefährdet ist schließlich Kathys Selbstvertrauen. Einmal ein Versager — immer ein Versager?

Es gilt also, nicht nur die Angst vor dieser einen Prüfung, sondern ein ganzes Bündel von Ängsten zu desensibilisieren. Und daneben noch immer weiter den eigentlichen Prüfungsstoff zu rekapitulieren. Eine tadellose Vorbereitung ist und bleibt — Angstfreiheit hin, Angstfreiheit her — Vorbedingung für die Bewältigung eines schwierigen Examens.

Kathy macht sich darum vorerst ein detailliertes Konzept für die Tageseinteilung der nächsten Wochen. Soundso viele Stunden Lernen. Kurze Erholungspausen. Regelmäßiger, ausgiebiger Schlaf. Zweimal wöchentlich je zwei Stunden Schwimmen. Und täglich eine halbe Stunde Entspannen sowie Desensibilisieren.

Da spießt sich etwas ...

Kathy bastelt sich eine Angsthierarchie zwischen Stufe 1: »Vierzehn Tage vor der Prüfung, ich habe noch jede Menge Zeit zum Lernen« (ganz leicht) bis zu Stufe 20: »Der Professor beginnt zu prüfen.« (Größte Angst.)

Die ersten vierzehn Angstbilder kann Kathy mühelos löschen:

1. Vierzehn Tage vor der Prüfung, jede Menge Zeit zum Lernen. 2. Eine Woche vorher. 3. Fünf Tage vorher. 4. Drei Tage vorher. 5. Lernsituation zwei Tage vorher. 6. Ein Tag vor der Prüfung, vormittags. 7. Ein Tag vor der Prüfung, nachmittags. 8. Ein Tag vor der Prüfung, abends. 9. Letzte Lernmöglichkeit. 10. Tag der Prüfung, Aufstehen. 11. Tag der Prüfung, Frühstück. 12. Haus verlassen. 13. Straßenbahnfahrt zur Uni. 14. Aussteigen vor der Universität.

Es kommt ein Punkt, da spießt sich alles

Und dann die vorgestellte Szene Nummer 15: »Betreten der Universität.« Da spießt es sich regelmäßig. Kathy kommt nicht weiter. Sie kann sich entspannen, sie kann noch so angenehme Gedanken zur Hilfe mobilisieren – alles vergeblich. Wenn sie sich mit ihrem geistigen Auge durch das Portal der Universität gehen sieht, verliert sie die Nerven.

Warum wohl? Offensichtlich steht die Angst, »durchs Uniportal zu gehen«, schon zu nahe an der Hauptangst »der Professor beginnt zu prüfen«, und offensichtlich sind zu viele Ängste anderer Art mit

der Prüfungsangst verquickt. Man muß wohl oder übel erst die anderen Ängste eliminieren.
Stufe 15 heißt daher nicht mehr länger: »Ich betrete die Universität«, sondern: »Der Professor sagt wieder, das genügt nicht.«
16. Ich bin also wieder durchgefallen und gehe zu Fuß nach Hause.
17. Meine Mutter empfängt mich mit einem skeptischen: »Wie war's?«
18. Meine Mutter ist tief enttäuscht. Sie sagt: »Ich habe es immer gewußt.«
19. Mein Vater dreht sich wortlos um und spricht nicht mehr mit mir.
20. Bei meinen Freunden bin ich unten durch.
21. Ich muß das Medizinstudium aufgeben und einen anderen Beruf wählen.
Man verstehe mich richtig: Kathy soll nicht gleichgültig und fatalistisch werden, wenn sie die Sorgen um die Folgen einer verpfuschten Prüfung abbaut. Sie soll nur die Nebenbarrieren abtragen, die ihr auf jeden Fall den Weg zum Erfolg versperren.

Ein kleines Wunder geschieht

Knapp eine Woche braucht Kathy, um die Prüfungsnebenängste unter Kontrolle zu bringen. Die letzten Abschnitte des Desensibilisierungsprogramms sehen dann so aus:
22. Ich betrete die Universität. Ich bin vorzüglich vorbereitet.
23. Ich gehe in das Prüfungszimmer. Ich bin vorzüglich vorbereitet.
24. Der Professor kommt herein. Ich bin vorzüglich vorbereitet.
25. Ich nehme dem Professor gegenüber Platz. Ich bin vorzüglich vorbereitet.
26. Der Professor sagt: »Da sind Sie ja schon wieder. Werden Sie es heute schaffen?« Ich bin vorzüglich vorbereitet.

27. Ich antworte: »Ich denke schon, denn ich bin gut vorbereitet.«
28. Der Professor beginnt zu prüfen.

Manchmal passiert ein kleines Wunder

Das ist alles fabelhaft ausgetüftelt und sicher sehr wirksam. Nur: es ist inzwischen ein kleines Wunder geschehen. Kathy braucht die Situationen 22 bis 28 gar nicht mehr durchzugehen. Nachdem sie ihre Ängste vor den Konsequenzen eines verpatzten Examens losgeworden ist, schreckt sie das Hauptereignis selbst auch nicht mehr.
Kathy ist überaus gescheit: sie nützt die tägliche halbe Stunde, die sie für die systematische Desensibilisierung reserviert hatte, um zusätzlich zu büffeln. Sicherheit hat Vorrang.

6. Die Wesen vom anderen Stern

Mein erstes Rendezvous artete in eine mittelschwere Katastrophe aus. Ich war fünfzehn – und selbstverständlich durfte ich nicht.
So mußte ich mir denn ein feinmaschiges Gewebe von Lügen und Ausreden einfallen lassen. Dies belastete mein Gewissen nicht unerheblich, denn im großen und ganzen bestand ein ziemlich gutes Vertrauensverhältnis zwischen mir und meinen Eltern. Nur eben: in puncto Rendezvous und so war überhaupt nicht mit ihnen zu reden. Leider.
Auch konnte ich mein neues türkisfarbenes Kostüm nicht anziehen. Wie hätte ich derartigen Aufwand erklären sollen, wenn ich doch angeblich nur zu meiner Freundin ging, um mit ihr zu lernen?
Außerdem regnete es sowieso. Also mußte ich wohl oder übel meinen abgetragenen Trenchcoat nehmen, in dem ich aussah wie ein schwangeres Kamel.
Ich kann heute nur noch vermuten, warum der Junge und ich uns nicht in einem Lokal, sondern vor der Oper verabredeten. Wahrscheinlich fürchteten wir, von irgendwelchen Bekannten oder übelwollen-

den Verwandten gesehen, ertappt und verraten zu werden. Auf offener Straße hingegen hätte unser Zusammentreffen als rein zufällig erklärt werden können. Vielleicht lag es auch daran, daß wir beide äußerst knapp bei Kasse waren, uns den Kaffee ersparen und nur einfach miteinander spazierengehen wollten.

Wie üblich war ich um eine Viertelstunde zu früh beim Treffpunkt. Von meinem Galan war weit und breit nichts zu sehen. Ich schämte mich sehr, denn meine Mutter hatte mir immer eingeschärft, daß der Mann der ungeduldig Wartende, das Mädchen hingegen die zögernd Zurückhaltende zu sein hätte.

Die größte Niederlage

Um meine Schande nicht allzu offenbar zu machen und auch weil es fürchterlich schüttete, verdrückte ich mich in eine Seitentür der Oper. Von dort überwachte ich den Rendezvousplatz.

Ich schaute und spähte und starrte, bis mir die Augen fast aus den Höhlen fielen. Ich sah alle möglichen Leute. Zu meinem Entsetzen auch die Freundin, mit der ich angeblich lernte, und zwar Arm in Arm mit einem Burschen. Vermutlich hatte sie ihren Eltern weisgemacht, daß sie bei mir sei.

Mein Freund indessen kam nicht. Nicht nach einer Viertelstunde, nicht nach dreißig Minuten. Auch nicht nach einer Stunde. Da gab ich endlich auf. Wie ein geprügelter Hund schlich ich fort vom Ort meiner bisher größten Niederlage.

Ich mußte die Zeit bis zum Abendessen totschlagen – und wußte nicht, wohin. Zu meiner Freundin konnte ich aus naheliegenden Gründen nicht. Geld fürs Kino oder Kaffeehaus besaß ich nicht. Also marschierte ich zum Bahnhof und saß dort zwei Stunden wie eine bleiche Marmorstatue auf einer kalten Marmorbank, ehe ich mich auf den Heimweg machte.

Bleiche Marmorstatue auf kalter Marmorbank

Meine Eltern haben zum Glück nichts bemerkt. Nur ein Blasenkatarrh blieb mir als Erinnerung an die Marmorbank und quälte mich mindestens vier Wochen lang.
Als ich den Jungen, der mich so schmählich versetzt hatte, im Tennisklub wiedertraf, sah ich durch ihn hindurch.
Er erwischte mich später vor der Garderobe und erzählte eine lange, komplizierte Geschichte: von einer überraschend eingetroffenen Großmutter, von verzweifelten Versuchen, mich telefonisch zu erreichen, was jedoch an einem gestörten Telefon gescheitert sei – und so weiter und so fort...
Ich glaubte ihm kein einziges Wort und ließ ihn stehen.
Erst viel später – wir waren mindestens schon drei Jahre verheiratet – gestand mein Mann, daß er damals aus schierer Angst Reißaus genommen hatte. Er war schon viel früher als ich vor der Oper gewesen. Als er mich kommen sah, überkam ihn wilde Panik, und er entfloh.

Sonderbar: auch der Junge hatte Angst

»Warum nur?« fragte ich. »Ich war doch im Grunde genauso ängstlich und schüchtern wie du. Ich hätte dich nicht gebissen.«
»Heute weiß ich, daß du nicht beißt. Aber woher sollte ich es damals wissen?«

Nichts ist besser geworden

Die Story unseres schiefgegangenen ersten Rendezvous gaben wir kürzlich bei einer Gesellschaft zum besten, und alle lachten sehr.
»Es ist ein Glück«, sagte mein Mann, »daß sich die Dinge in so kurzer Zeit so gründlich geändert haben. In unserer offenen, aufgeklärten Gesellschaft haben die jungen Leute keine solchen Hemmungen mehr.«
»Haha«, lachte Dozent Dr. Werner M.
Dr. M., um die Dreißig, ist Assistent an einem

Universitätsinstitut für Psychologie. Der Umgang mit jungen Studenten gehört zu seinem täglichen Brot.

»Sie sind«, so dozierte der Dozent, »um kein Jota weniger schüchtern und ängstlich, als ihr es ward, Ausnahmen gibt es natürlich. Aber die hat es immer gegeben. Was die heutige Generation von der euren unterscheidet, ist nur eine gewisse aufgesetzte Aggressivität, eine laute Forschheit, hinter der aber nicht allzuviel steckt.«

Die Jugend heute hat es auch nicht leichter

Meine jüngsten Recherchen in Interviews mit Psychologen, in Gesprächen mit jungen Menschen bestätigen die erstaunliche Tatsache: in einer Zeit, wo einem die »Aufklärung« an jedem Kiosk, in jedem Kino nur so um die Ohren geschlagen wird; wo die Vierzehnjährigen *theoretisch* meist schon erheblich mehr wissen als ihre Eltern; in diesem Zeitalter haben die Jungen fast die gleichen Anfangsschwierigkeiten mit Angehörigen des anderen Geschlechts, wie ihre Väter und Mütter, ihre Großväter und Großmütter sie hatten.

Mehr noch: zu den alten Problemen sind ein paar hochmoderne neue hinzugekommen, die die Sache noch komplizierter machen.

Einerseits vollzieht sich die Erziehung in Schule und Elternhaus weitgehend in konventionellen Bahnen: verschämtes Schweigen, erhobener Zeigefinger. Ausflüchte. Gebote. Verbote: »Das darfst du nicht.« — »Das sollst du nicht.« — »Das tut man nicht.« Jungen wird eingeschärft, daß Mädchen nur auf die spätere Heirat aus sind. Mädchen verschreckt man, indem man ihnen erzählt, Jungen seien nur an dem »einen« interessiert.

Andererseits wird rundherum ein solches Riesentheater um Sex gemacht, daß in seinem grellen Scheinwerferlicht alle Beziehungen und Gefühle zwischen den Geschlechtern maßlos vergröbert und beängstigend verzerrt erscheinen.

Was steckt dahinter?

Eine gewisse Scheu zwischen den Geschlechtern ist anfangs durchaus normal. Schlägt aber die entwicklungsbedingte Zurückhaltung in blanke Angst um, dann stecken andere Faktoren dahinter.
Sowohl durch die einengende Erziehung einerseits als auch durch die Überbetonung der Sexualität andererseits erscheint das Bild des anderen Geschlechts nach den verschiedensten Seiten verzerrt. Jungen empfinden Mädchen, Mädchen sehen Jungen wie phantastische, monströse Wesen von einem anderen Stern und nicht als ganz normale Menschen, die im Grunde genauso fühlen, wie man selbst, und mit denen man daher auch ganz normal reden kann.

Jeder denkt: Es gibt da Hintergedanken

Möchte ein Junge mit einem Mädchen ins Kino gehen, dann fragt er sich: Was wird sie denken? Wie wird sie es aufnehmen? Dementsprechend verkrampft fällt dann eine an sich ganz simple Einladung zum Kinobesuch aus.
Das Mädchen reagiert prompt wie vermutet und überlegt: Was steckt dahinter? Was will er wirklich? Daß er weiter gar nichts im Sinn hat, als einfach zwei vergnügte Stunden mit einem Menschen zu verbringen, der ihm sympathisch ist — auf den Gedanken kommt sie wohl kaum.
Die Beziehung zwischen Jungen und Mädchen ist somit durch die unsichere Grundeinstellung zum anderen Geschlecht belastet. Dazu kommen noch häufig die Schwierigkeiten, die jeder mit und in sich selbst herumschleppt.
In der kritischen Übergangsphase vom Teenager zum Erwachsenen ist das Selbstvertrauen schwach entwickelt. Kein noch so lautstarkes Auftreten, keine noch so rotzige Aggressivität können darüber hinwegtäuschen. Im Gegenteil: sie sind ein untrügliches Merkmal für den Mangel an echter Selbstsicherheit.

Ein Blick in den Spiegel? Ach, eigentlich bin ich recht häßlich.
Ein Nachmittag in Gesellschaft? Ich war wieder einmal entsetzlich langweilig.
Eine Einladung zur Party? Sicher haben sie mich aus purem Mitleid gebeten.
Schallendes Gelächter aus einer Ecke? Die machen sich schon wieder über mich lustig.
Besonders Jungen haben oft das Gefühl, sie hätten sich ungeschickt, tölpelhaft benommen. Ihre Umgebung trägt herzlich wenig oder gar nichts dazu bei, ihr Selbstvertrauen zu stärken.
Ich entsinne mich noch immer mit Empörung des berühmten Wiener Tanzschullehrers, den ich einmal brüllen hörte: »Sie, junger Mann, mit Ihren zwei linken Füßen werden Sie nie den Walzer lernen.«
Der feine Herr, der gewiß nicht schlecht dafür bezahlt wurde, daß er den jungen Leuten Tanz und gute Manieren (!) beibrachte, behielt letzten Endes recht: der junge Mann stürzte bleich aus dem Saal. Seither hat er nie mehr ein Tanzparkett betreten.

Vermeidungsverhalten

Junge Menschen, die unter Komplexen leiden, empfinden jede auch nur geringfügige Zurückweisung doppelt schmerzhaft. Ihre Angst, neuerlich auf Ablehnung zu stoßen, vergrößert sich von Mal zu Mal. Sie entwickeln mit der Zeit das, was die Psychologen »Vermeidungsverhalten« nennen — und wissen es selbst nicht einmal.
Der gedemütigte Tanzschüler denkt längst nicht mehr an die unangenehme Episode. Er glaubt vielmehr, Tanzen bereite ihm eben kein Vergnügen.
Wenn wir etwas tun, was uns Spaß macht, was uns befriedigt, nennen wir das »Annäherungsverhalten«. »Vermeidungsverhalten« hingegen legen wir an den Tag, wenn wir uns vor einer Situation drücken, die Unlustgefühle erzeugt.

- Ich gehe ins Kino, weil mich der Film interessiert: das ist Annäherungsverhalten.
- Ich gehe ins Kino, aus Angst, meine Freunde könnten mich scheel ansehen, weil man diesen Film gesehen haben »muß«: das ist Vermeidungsverhalten.
- Ich gehe nicht zu einer Party, weil mir viel mehr danach zumute ist, allein zu sein und mich auszuschlafen: das ist Annäherungsverhalten.
- Ich gehe nicht zur Party, weil ich fürchte, mich zu blamieren: das ist Vermeidungsverhalten.

Wenn ich ins Kino gehe, nur weil ich das Mißfallen der anderen fürchte; wenn ich die Party sausen lasse, weil ich Angst habe, ausgelacht zu werden, dann gebe ich das nur höchst ungern offen zu — weder vor mir selbst noch vor den anderen. Ich werde behaupten (und selbst glauben), der Film hätte mich wirklich interessiert und die Party könnte mir gestohlen werden.

Die Gegenprobe

Es läßt sich nicht annähernd feststellen, wieviel dessen, was wir, was die Menschen um uns herum tun oder lassen, nichts weiter als Vermeidungsverhalten ist, entsprungen aus sozialer Angst.

Wer ist mutig und neugierig?

Wer Mut zur Ehrlichkeit hat, wer neugierig auf seine verborgenen Motive ist, kann die Probe aufs Exempel machen, indem er gelegentlich bewußt das Gegenteil von dem zu tun versucht, was er spontan tun würde.

- Die Clique fordert mich auf, mit ins Kino zu gehen? Erster Impuls: Ich sage zu. Gegenprobe: Ich sage ab; sofort stellt sich Unbehagen ein. Ich fürchte mich, als Außenseiter dazustehen.
- Ich werde zur Party eingeladen? Erster Impuls: Ich gehe nicht. Gegenprobe: Ich sage zu; im gleichen Augenblick wird mir angst und bange, weil ich fürchte, mich ungeschickt zu benehmen.

Die Sache mit dem Vermeidungsverhalten hat einen gefährlichen Haken: je mehr, je öfter wir einer Situation aus dem Weg gehen, die uns unangenehm oder peinlich ist, desto weniger haben wir Gelegenheit festzustellen, ob unsere Ängste wirklich gerechtfertigt waren.

Wer sagt denn, daß die Freunde mich wirklich schief ansehen, wenn ich ehrlich zugebe: »Dieser Film interessiert mich nicht?« Könnte es nicht sein, daß sie meine Ablehnung kommentarlos zur Kenntnis nehmen? Wäre es nicht gut denkbar, daß ihnen vielmehr imponiert, wenn ich einmal aus der Reihe tanze und nicht immer das willenlose Schaf bin, das stumm und treu mit der Herde trottet?

Und wenn ich doch zur Party gehe? Warum sollte ich dort nicht einen netten Menschen treffen, der sich angeregt mit mir unterhält und gar nicht merkt, daß ich unsicher bin?

Christoph und die Blonde

Christoph, der seit Wochen schon das blonde Mädchen aus der Nachbarklasse im Schulhof ansprechen und ins Kino einladen möchte, wird nie ans Ziel seiner Wünsche gelangen, wenn er nicht endlich den Mund aufmacht.

Er merkt es nicht – sie mag ihn doch!

Warum aber macht er ihn nicht auf? Warum wird er ihn noch in Wochen und Monaten nicht aufbringen? Weil er Angst hat!

Und er *hat* Angst – auch wenn oder gerade weil er lauthals erklärt, die Blonde, die dumme Gans, die interessiere ihn nicht. Überhaupt, er kann jedes Mädchen haben – pah, was braucht er schon die Blonde?

In der Hitze des Gefechts übersieht er prompt die freundlich-aufmunternden Blicke, die ihm das Mädchen schon seit Tagen zuwirft. Weil: in ihrer Verwirrung sind Jungen (und oft auch noch erwachsene Männer) ganz außerordentliche Nichtmerker, unfähig, die goldenen Brücken zu sehen, die Mädchen, Frauen ihnen oft bauen. In ihrer Borniertheit spüren sie nicht einmal einen Holzhammer.

Traurige Story eines »Nicht-Merkers«

Meine Freundin Ute kann das ebenfalls aus eigener, bitterer Erfahrung bestätigen. Sie war damals achtzehn oder neunzehn und frischgebackene, stolze Autobesitzerin.

Bei einer ausgelassenen Faschingsparty traf sie jenen jungen Mann, auf den sie schon lange ein Auge geworfen hatte. Aus recht deutlichen Zeichen schloß sie, daß auch er ernsthaft an ihr interessiert, aber offenbar zu schüchtern war, dies zu deklarieren.

Die beiden tanzten bis weit nach Mitternacht ausschließlich miteinander – und noch immer machte der Student nicht die leisesten Anstalten, sie um ein Rendezvous zu bitten.

Da nahm Ute ihren ganzen Mut zusammen. Sie kramte die Autoschlüssel aus der Handtasche, drückte sie ihrem Partner in die Hand und flüsterte: »Mein knallgelber Käfer steht gleich rechts um die Ecke. Fahre in her, und bring mich dann nach Hause. Ich komme in fünf Minuten hinunter.«

Als sie zum Tor kam, stand das Auto da, daneben brav und stramm der junge Mann. Er riß den Wagenschlag auf der Fahrerseite auf, ließ die verwirrte Ute einsteigen, verabschiedete sich höflich, schlug die Tür zu und entschwand.

Kochend vor Zorn und Empörung hat mir Ute die Geschichte kurz darauf erzählt. Später, als sie längst einen anderen geheiratet hatte, lachte sie nur noch darüber.

Jahre danach traf ich jenen jungen Mann von damals, einen einsamen Hagestolz. In sentimentalweinseliger Laune beichtete er, daß er noch immer um Ute trauere, die sich, er wußte überhaupt nicht, warum (!), seinerzeit so brüsk von ihm abgewandt hatte...

Christoph – der die Blonde ins Kino einladen möchte – ist auf dem besten Weg, ein ähnliches Schicksal zu erleiden wie Utes »Nichtmerker«. Zumindest wird er noch lange an seiner Schüchternheit tragen, wenn es ihm nicht gelingt, seine verborgenen Mädchenängste zu löschen.

Für sein Vorhaben sollte er sich richtig einstimmen und ein Gespür dafür entwickeln, wann die weibliche Umwelt positiv auf ihn reagiert.

Wenn er nur richtig die Augen aufmacht, wird er zu seiner Überraschung merken:

- Die Blonde aus der Nachbarklasse hat mir zweimal freundlich zugelächelt.
- Die Freundin meiner Schwester hat mir einen vielsagenden Blick zugeworfen.
- Die kleine Kinobilleteuse hat mir interessiert nachgeschaut.
- Das Mädchen am Nachbartisch in der Diskothek hat sich nach mir umgedreht.

Gewiß, dies sind keine weltbewegenden Eroberungen. Es sind aber immerhin ermutigende Vorzeichen, daß Christoph bei den Mädchen durchaus nicht chancenlos ist. (Kein Junge ist chancenlos, sobald er nur aufhört, sich dies einzureden. Dasselbe gilt auch für Mädchen. Darüber werden wir uns ein wenig später unterhalten.)

Christoph sammelt seine netten Minierlebnisse mit Mädchen, um sie als »angenehme Vorstellungen« in ein Desensibilisierungsprogramm aufzunehmen. Sobald er genügend solcher Erinnerungen bereit hat (mindestens zehn bis fünfzehn), geht er daran, seine Angsthierarchie aufzustellen.

Nach Lektüre der bisherigen Seiten dieses Buches weiß er nur zu gut, daß er dabei in winzig kleinen Stufen vorgehen muß. Er darf nicht die Vorstellung: »Ich spreche die Blonde an und lade sie ins Kino ein« an den Anfang stellen und muß bei jedem

Schritt nach dem gleichen Schema systematisch vorgehen:

- Entspannen.
- Angenehme Vorstellung (etwa: Das Mädchen in der Diskothek hat sich nach mir umgedreht).
- Vorstellung einer Situation (etwa: Ich treffe die Blonde im Schulhof).

Kann Christoph das Bild dreimal hintereinander produzieren, ohne wieder in einen Spannungszustand zu geraten, dann ist die Angst vor dieser Situation gelöscht; er mag den nächsten Schritt in Angriff nehmen. Ist ihm der Gedanke an die Szene noch immer unangenehm, dann muß er einen Schritt zurückgehen oder eine Zwischenstufe einschalten.

Mit oder ohne Freunde?

Die Hierarchie könnte ungefähr so aussehen:

1. Ich stehe mit Freunden im Schulhof und sehe die Blonde aus dem Haus kommen.
2. Die Blonde und einige andere Mädchen stoßen zu uns. Es beginnt eine allgemeine Unterhaltung.
3. Während des Gesprächs stehe ich neben der Blonden.
4. Ich werfe eine neutrale Bemerkung in die Debatte (etwa: »Das Sportfest findet erst am vierundzwanzigsten statt«) und sehe dabei die Blonde *nicht* an, sondern irgend jemand anders.
5. Ich sage etwas Neutrales, sehe sie dabei an.
6. Ich sage etwas Neutrales, spreche sie direkt an. (»Du weißt doch auch, daß das Sportfest am vierundzwanzigsten stattfindet.«)

Hier muß ich kurz unterbrechen. Ich kenne Christoph nicht so genau, um sicher sagen zu können, ob diese Hierarchie haarscharf für ihn paßt.

Vielleicht fühlt er sich – selbst in der Vorstellung – durch die Anwesenheit seiner Freunde eher irritiert als unterstützt. Kommt er zu der Einsicht, daß es ihm (zumindest in Gedanken) leichter fiele, die

Blonde allein zu treffen, dann könnte er sich diese Situationsfolge ausdenken:

1. Sie kommt mit einer Gruppe Freundinnen auf den Schulhof.
2. Ich warte, bis die Freundinnen weg sind.
3. Ich richte eine neutrale Frage an sie. Etwa: »Entschuldige, ich suche den Manfred aus deiner Klasse. Ist er schon im Hof?«
4. Sie gibt mir eine knappe, aber nicht unfreundliche Antwort: »Ja, er muß hier irgendwo sein.«
4. Sie gibt mir eine knappe, neutrale Antwort: »Weiß ich nicht.«
6. Sie gibt mir eine knappe, eher kühle Antwort: »Keine Ahnung. Schau doch selbst.«

Wer ist schon ein Held?

Diese ganze Desensibilisierung ist, der aufmerksame Leser hat es bereits bemerkt, auch gleichzeitig ein Vorschlag für das Verhalten in der Wirklichkeit.

Nicht mit der Tür ins Haus fallen!

Niemals soll ein Junge (und natürlich auch kein Mann) gleich mit der Tür ins Haus fallen und unvermittelt sagen: »Geh doch mit mir ins Kino.« Es würde Christoph ja auch nicht einfallen, an einen wildfremden Jungen heranzutreten und ohne jede Vorrede eine Einladung vom Stapel zu lassen.

Nur geborene siegessichere Helden mit einer Elefantenhaut gehen mitunter so vor — und ernten oft genug schnippische oder verwunderte Ablehnung. Wer aber ist schon ein geborener siegessicherer Held?

Ich habe bereits nachdrücklich darauf hingewiesen: Mädchen sind ganz normale Menschen, und man fährt am besten mit ihnen, wenn man ganz normal mit ihnen redet!

Nachdem Christoph sich dies alles in Erinnerung gerufen hat, schreitet er in seinem Programm fort.

7. Ich treffe die Blonde in einer Gruppe von Jungen und Mädchen. Ich spreche zwei, drei neutrale Sätze allgemein in den Raum.

8. Ich spreche zwei, drei neutrale Sätze in Blickkontakt mit dem Mädchen.
9. Ich wende mich mit ein paar neutralen Sätzen direkt an das Mädchen.
10. Ich treffe die Blonde allein. Ich spreche über neutrale Dinge mit ihr.
11. Ich treffe das Mädchen allein. Ich spreche einige persönliche Sätze mit ihr. (»Wie gefällt es dir eigentlich in deiner Klasse?«)
12. Ich treffe das Mädchen allein und spreche Persönliches über mich. (»Ich möchte übers Wochenende Schi fahren gehen.«)
13. Ich unterhalte mich mit ihr übers Kino und sage dann: »Ich gehe morgen mit meiner Clique ins Kino. Es wäre nett, wenn du mitkämst.«
14. Ich rede mit ihr über einen Film. Ich sage: »Du möchtest den Film gern sehen, ich möchte den Film gern sehen. Gehen wir doch gemeinsam hin.«

Das wär's. Sieht doch eigentlich ganz einfach aus. Natürlich, es *ist* kinderleicht, vorausgesetzt, man kann es. Alles, wenn man es einmal kann, ist einfach. Nur — bis dahin ist oft ein beschwerlicher Weg.

Vorsicht vor Experimenten!

Christoph tut gut daran, das ganze Programm sorgfältig abzuwickeln und nicht irgendwann dazwischen in der Realität herumzuexperimentieren. Es könnte einen argen Rückschlag geben, und er müßte dann wieder ganz von vorn anfangen.

Dann eben nicht ...

Sind aber seine Ängste vollständig gelöscht, dann macht es ihm auch nichts mehr aus, wenn das Mädchen in Wirklichkeit sagt: »Ich mit dir ins Kino gehen? Das kommt doch nicht in Frage.«
Na schön, denkt ein angstfreier Christoph in einem solchen Fall, dann eben nicht. Auch andere Mütter haben schöne Kinder. Und macht sich daran, ein anderes Mädchen für einen Kinobesuch zu gewinnen. Sie ist schwarzhaarig und heißt Vicky.

Vielleicht hat er diesmal mehr Glück. Vielleicht aber hat er wieder Pech, und Vicky weist ihn ebenfalls zurück: »Was bildest du dir eigentlich ein?« Und das, obwohl (was Christoph nicht im entferntesten ahnt) Vicky sich insgeheim sehnlichst wünscht, mit Christoph auszugehen.
Klingt verrückt? Nein, es ist nicht verrückt. Nur ein bißchen traurig. Und auch ein bißchen komisch.
Mädchen, sollte man meinen, haben es auch heute noch viel leichter als Jungen – zumindest was die Kontaktaufnahme mit dem anderen Geschlecht anbelangt. Sie brauchen nur die Hände in den Schoß zu legen und zu warten. Noch immer ist es Sache des Jungen (des Mannes), die Initiative zu ergreifen. So wollen es die jahrhundertelang eingefahrenen Sitten und Bräuche. Die Gleichberechtigung hat daran bis heute herzlich wenig ändern können.
Sie muß keine Gelegenheiten suchen, kein Gespräch beginnen, sich nicht um interessante Themen bemühen. Nur: lieb und interessiert lächeln. Zuhören. Freundlich antworten. Ist denn das so schwer?
Und ob es schwer ist. Denn auch viele Mädchen haben Angst.

Ein häßliches Entlein?

Vicky zum Beispiel hat Angst, weil sie mit sich selbst nicht zurechtkommt. Sie bildet sich ein, ein häßliches Entlein zu sein, plump, unattraktiv, ohne Charme.
Wenn Christoph (dem sie wirklich gefällt!) sie anspricht, dann freut sie sich nicht einfach über die nette Einladung, sondern grübelt dumpf: Was bin ich denn? Eine Lückenbüßerin bin ich, weil ihm die andere einen Korb gegeben hat.
Daß schon so manche Lückenbüßerin zur vollwertigen Partnerin aufgerückt ist, will ihr nicht in den Sinn. Je älter sie wird, desto geringer sind die

»Häßliches Entlein« hat Komplexe

Chancen, daß sie die erste ist. Immer wird es zwei oder drei oder noch mehr vor ihr gegeben haben. Ob sie dann die endgültig letzte bleibt, wird nicht zuletzt von ihr abhängen ...

Nur wenige können »die Erste« sein

Nähert sich ein anderer Junge, begreift sie noch immer nicht, daß sie, Vicky allein, ihm gefällt – und weist ihn vorsichtshalber wieder ab. (Wahrscheinlich findet er keine Bessere. Oder: Er will sich nur einen Spaß machen.)

Ich kenne alle diese Überlegungen genau, denn auch ich war ein unsicherer Angsthase.

Auf einem Ball forderte mich einmal der bestaussehende Mann des Abends zum Tanzen auf. Ich war so perplex, daß ich ihm automatisch folgte – um mich sofort in düstere Spekulationen zu verrennen. (Wieso verfällt er ausgerechnet auf mich? Wahrscheinlich bekommt er kein schöneres Mädchen, weil er irgendeinen heimlichen Fehler hat.)

Steif und schwer wie ein Stück Holz hing ich in seinem Arm, sagte kein Wort, obwohl er locker zahlreiche unverfängliche Themen anschnitt. Schließlich verstummte auch er, brachte mich an meinen Platz – und ward nicht mehr gesehen. Ich führte noch lange das Dasein eines Mauerblümchens.

»Na, Puppe, wie wär's?«

Doch es sind nicht die Minderwertigkeitskomplexe allein, die Mädchen scheu und abweisend machen.

Was angst macht, wir sprachen davon, ist das verzerrte Männerbild (oft ist es fast ein Feindbild), das dem Mädchen durch Erziehung und Umwelt aufgezwungen wird. Und angst macht auch das Verhalten vieler Jungen, das (Gipfel der Paradoxie!) wieder aus der Angst der Jungen entspringt.

Wenn da einer, bebend vor innerer Aufregung und daher äußerst aggressiv im Auftreten, das Mädchen überfallartig angeht: »Na, Puppe, wie wär's mit uns beiden heute in der Diskothek?« – dann provoziert er Angst und Ablehnung (vorausgesetzt, die junge Dame ist nicht sehr keß und abgebrüht; aber wer ist schon keß und abgebrüht mit vierzehn, fünfzehn, sechzehn?).

Wenn ein ganz manierlich aussehender Bursche mitten im Tanz, keuchend und schwitzend vor Aufregung, das Mädchen an sich preßt, als wollte er es spornstreichs vereinnahmen — dann macht das angst. Aber keine Angst. Auch diese Ängste lassen sich desensibilisieren.

Mädchen ohne Angst helfen den Jungen

Ein Mädchen, das keine Angst mehr hat, wird nicht kratzbürstig, nicht ablehnend, es wird nicht albern kichern oder sonstwie verkrampft auf noch so tolpatschiges Verhalten der Jungen reagieren. Sie wird vielmehr freundlich und gelassen sein — und damit sehr viel dazu beitragen, dem Jungen seine Angst zu nehmen, die Situation zu entkrampfen.

Ich könnte mir eine Angsthierarchie für Mädchen so vorstellen:

1. Ich stehe mit einigen Freundinnen zusammen, Carlo (oder wer immer) kommt näher.
2. Mit Freundinnen. C. tritt auf uns zu.
3. Mit Freundinnen. C. spricht allgemein mit uns.
4. Mit Freundinnen. C. richtet das Wort an mich.
5. Mit Freundinnen. C. fragt, ob wir alle mit ihm und seinen Freunden tanzen gehen wollen.
6. Ich gehe mit einer Freundin auf der Straße. C. begegnet uns.
7. Mit Freundin. C. spricht uns beide an.
8. Mit Freundin. C. richtet das Wort an mich.
9. Mit Freundin. C. lädt uns beide auf eine Coca ein.
10. Ich gehe allein auf der Straße. C. kommt mir entgegen.
11. C. spricht mich an.
12. C. fragt, ob ich mit ihm Kaffee trinken will.
13. Ich geh mit C. allein ins Espresso.

Angstlöschen in drei Phasen

Diese Szenen sollten in drei Variationen durchgedacht und desensibilisert werden zum Zwecke der Angstlöschung: Zuerst erscheint ein schüchterner Junge auf der Gedankenszene. Im zweiten Durchgang wird ein normaler, also weder gehemmter noch aggressiver, Partner in die Vorstellung eingeführt. Und zum Schluß folgt der aufdringliche Kerl, der die meiste Angst einjagt.

Mädchen, die unter Minderwertigkeitskomplexen leiden, mögen, ähnlich wie die Jungen in der gleichen Lage, alle auch noch so vagen Anzeichen von Interesse und Anerkennung sammeln, um sie als »angenehme Vorstellungen« zu verwenden.

- Mein Sitznachbar hat gesagt: »Du bist ein schlaues Mädchen.«
- Der junge Mann im roten Auto hat zweimal heftig auf die Hupe gedrückt, als er an mir vorbeifuhr.
- Der Vater meiner Freundin sagte: »Du wirst ja eine richtig hübsche junge Dame.«
- Der Bruder meiner anderen Freundin: »Du bist ein feiner Kumpel.«

Wenn jetzt ein Mädchen behauptet, mit keiner einzigen solcher freundlichen Episode aufwarten zu können, dann ist das natürlich sehr schlimm. So schlimm aber auch nicht, wie sie selbst glaubt.

Mangel an Selbstvertrauen macht blind

Das heißt nämlich nicht, daß es kein einziges männliches Wesen auf Gottes weiter Erde gäbe, das sich für sie interessiert. Es bedeutet vielmehr, daß die junge Dame aus mangelndem Selbstvertrauen schon blind und taub ist; nicht fähig, auch nur ein Zeichen wahrzunehmen, das ihr signalisiert: Man hat dich gern; man findet dich nett; du bist anziehend.

Dann ist es aber allerhöchste Zeit, daß sie lernt, ihr Selbstwertgefühl gründlich aufzupolieren. Wie das zu bewerkstelligen ist, steht im nächsten Abschnitt dieses Buches.

II. Selbstsicherheit lernen

1. Verflixte Komplexe

Preisfrage!
Welches ist das kleinere Übel: ein Teenager, der seine Eltern – oder einen Elternteil – haßt; oder ein Teenager, der unter schweren Minderwertigkeitskomplexen leidet?
Ich gehe jede Wette ein, daß junge Leute den Elternhaß, Eltern hingegen die Minderwertigkeitskomplexe eher in Kauf nehmen.
Dennoch war es eine Mutter, die lieber den Abscheu ihrer Tochter ertrug, als deren Selbstwertgefühl zerstört zu sehen. Es war, so gestand sie mir später, eine der schwersten Entscheidungen ihres Lebens. Aber die weiteren Ereignisse haben ihr recht gegeben.
Die Tochter hat sich mit der Mutter ausgesöhnt, die Gefahr, daß das Mädchen ein Leben lang unter Komplexen leiden könnte, ist endgültig gebannt.
Das klingt etwas verwirrend, und ich erzähle die Geschichte am besten der Reihe nach.
Angela H. war knapp fünfzehn Jahre alt, als sie von den Eltern, einem Künstlerpaar, zu ihrer ersten Cocktailparty mitgenommen wurde.
Was immer sie sich vorgestellt haben mochte – ihre Erwartungen wurden jedenfalls nicht erfüllt. Die Gäste waren mittelalt bis alt. Sie klatschten entweder über Abwesende oder ergingen sich in endlosen Haarspaltereien über Musik und Malerei; wenn sie nicht überhaupt schweigend am Büfett standen und verbissen mampften.
Kein Mensch beachtet Angela, die sich in ihrem Rohseidenkostüm hinreißend und begehrenswert

fand. Die anderen Gäste schienen nicht der gleichen Meinung zu sein, und das Mädchen fand sich schließlich einsam in einer Ecke sitzend, ein Glas voll schalem Orangensaft in der feuchten Hand.
Und dann kam *er*, der Ehrengast der Party. Der weltberühmte Violinvirtuose Bronislav Z. Viel größer, viel schöner, viel eleganter als auf allen Illustriertenfotos. Fünfunddreißig Jahre alt und einen Hauch von Silber in der pechschwarzen Mähne.

Angela trifft einen Herzensbrecher

Noch während Bronislav, umringt von einer Schar Verehrerinnen, im Türrahmen stand, fiel sein Blick auf Angela. Nonchalant streifte er seine Anbeterinnen ab wie einen Schwarm lästiger Mücken, schritt auf das Mädchen zu und sagte (überflüssigerweise): »Ich bin Bronislav Z. Wie schön, Sie hier zu sehen.«
»Aber ich ...« stotterte Angela. »Wir haben uns doch noch nie ...«
Er ergriff ihre Hand, hauchte einen Kuß auf die Fingerspitzen und sagte: »Es war aber auch allerhöchste Zeit.«
Angelas Mutter beobachtete die Szene ein wenig amüsiert, ein wenig irritiert – dann bildete sich neuerlich eine Traube um den berühmten Gast. Nach einer knappen halben Stunde war er verschwunden.

Frau H. wird aktiv

Das nächste, was von Bronislav Z. zu vernehmen war, stand in enthusiastischen Kritiken zu lesen.
Das übernächste: ein Anruf der Schuldirektorin bei Frau H. Ob sie wüßte, daß ihre Tochter Angela seit Tagen durch jenen Herrn mit den silbergrauen Schläfen in einem silbergrauen Maserati (mit lila Lederpolstern!) von der Schule abgeholt würde? Auch hätten über jeden Zweifel erhabene Zeugen die junge Dame zweimal in der Tagesbar des Intercont gesehen – in Begleitung desselben Herrn.

Frau H. zählte durchaus nicht zu den Müttern, die hinter ihren Kindern herschnüffeln und ihnen Vorschriften machen, mit wem sie wann verkehren dürfen und mit wem nicht.

Doch angesichts der Tatsache, daß Angela erst fünfzehn war und Herrn Bronislavs Wege durch die Hauptstädte der Welt mit gebrochenen Mädchenherzen, verlassenen Bräuten sowie unversehens zu Mutterfreuden gelangten Teenagern gesäumt wurden, schritt Mama H. ein.

Sie drang zu Herrn Z. aufs Hotelzimmer vor und gab ihm ebenso damenhaft wie energisch zu verstehen, daß er garantiert in Teufels Küche kommen würde, sollte er nicht die Finger von Angela lassen.

Bronislav wußte, wann er verloren hatte, und entschwand aus Angelas Dasein — ohne ein Wort des Abschieds.

Solange daraufhin Angela nur die landesüblichen Liebesschmerzsymptome zeigte (schwimmende Augen, Appetitlosigkeit, unüberhörbare Seufzer), beschränkte sich ihre Mutter auf altbewährte Hausmittel: Liebsein, Streicheln, verständnisvolles Zuhören.

Die Sache wird sehr kritisch

Kritisch wurde die Sache erst, als Angela sich selbst zu zerfleischen begann, statt ihren Zorn auf den treulosen Galan zu richten.

Stundenlang lag sie heulend auf der Couch und erzählte jedem, der es hören — oder auch nicht hören — wollte: »Ich weiß, warum er mich verlassen hat. Ich bin zu blöd. Zu häßlich. Er, der alle haben kann. Was habe ich mir eingebildet? Ich, ein Nichts, ein Niemand, eine dumme Gans ... Niemals, niemals wird mich ein Mann lieben können.«

Die Zeit, die angeblich alle Wunden heilt, versagte in diesem Fall vollkommen. Statt besser wurde es immer schlimmer. Angela magerte erschreckend ab, begann zu kränkeln, verlor das Interesse an der Schule, an ihren Freundinnen, an sich selbst.

Frau H. sah dem Drama eine Weile ratlos zu (während sich Herr H. nach rechter Väterart mit dem Hinweis, daß dies Weibersache sei, aus der Affäre zog).

Schließlich sprang die Mutter über ihren eigenen Schatten. Sehr wohl ahnend, was kommen würde, erzählte sie Angela, daß sie es gewesen war, die Bronislav verscheucht hatte, und nicht Angelas mangelnde Schönheit (oder was sonst). Nach dem Motto: lieber ein Kind, das böse auf mich ist, als eines mit angeknackstem Selbstbewußtsein.

Die Rechnung ging glatt auf. Angelas Lebensgeister erwachten und setzten sich postwendend in wütende Aggressionen gegen die Mutter um. Die Minderwertigkeitskomplexe waren wie weggeblasen und wichen trotzigem Aufbegehren. »Das werden wir doch sehen, ob ich wirklich so unmöglich bin, daß ich keinen Mann bekomme. Außerdem — Männer sind gar nicht so wichtig.«

Sie erlernte einen Beruf, in dem sie sehr erfolgreich wurde, und sie bekam auch einen Mann. (Zwar keinen Weltklassevirtuosen, sondern einen gutaussehenden, soliden Ingenieur — aber wer steht schon auf Stars, wenn er erst einmal erwachsen ist...)

Der Groll gegen die Mutter erlosch ohne viel Zutun allmählich von selbst. (Frau H. erinnert sich allerdings mit Grausen an diese Zeit feindseligen Schweigens, ein volles Jahr lang.) Heute trübt kein Wölkchen mehr die Beziehung zwischen Mutter und Tochter.

Eine kritische Lebensphase

Gewiß: Frau H.s Methode war drastisch und — so behaupten kopfschüttelnd manche Psychologen — nicht ganz risikolos. Unbestreitbar indes, daß sie erfolgreich war in einer heiklen Lebensphase, wie sie fast keinem jungen Menschen erspart bleibt.

Es ist jene Phase, da gewisse angelernte, anerzogene

Verhaltensweisen überprüft werden müssen, ob sie hier und jetzt noch gelten.

Was für einen Vierjährigen richtig ist, kann sich auf einen Teenager hemmend auswirken. Umgekehrt aber sind gewisse Regeln aus fernen Kindertagen auch noch für den Erwachsenen unbedingt bindend. Ein einfaches Beispiel:

Bubi an der Hand wirkt schwachsinnig

Das Gebot: »Du darfst nur in Begleitung Erwachsener über die Straße gehen« ist für das Kleinkind lebensnotwendig. Ein Halbwüchsiger, der noch immer nicht allein die Fahrbahn quert, gerät in den Verdacht, nicht ganz normal im Kopf zu sein.

»Du darfst nicht bei Rot über die Straße gehen« hingegen bleibt ein Leben lang ehernes Gesetz.

Es ist eine der schwierigsten Aufgaben, die junge Menschen zu meistern haben: erkennen, welche Vorschrift, welche Konvention ihnen nützlich ist und welche sie in der Entfaltung ihrer Persönlichkeit hindert. Denn wir wissen es: eingelerntes Verhalten wird nur schwer wieder verlernt, rationale Einsicht nützt herzlich wenig.

Wer sich von klein auf (und einstmals im ureigensten Interesse) eisern an den Satz gehalten hat: »Man spricht nicht mit fremden Menschen«, hat später Hemmungen, ein unbekanntes Mädchen auf dem Schulhof anzureden.

Und es gibt genug Leute, die selbst als Erwachsene nicht recht wagen, auf der Straße irgend jemanden auch nur nach der Uhrzeit zu fragen. In ein Geschäft zu gehen und eine fremde Verkäuferin mit seinem Begehren zu behelligen kostet mehr Leuten eine echte Überwindung, als wir ahnen.

Ich bin so klein!

Noch verzwickter wird die Angelegenheit, wenn es gilt, schwer faßbare Gefühle auf ihren Wahrheitsgehalt zu untersuchen.

Unsere noch überwiegend gehandhabten Erziehungspraktiken – sowohl im Elternhaus als auch in der Schule – vermitteln dem Heranwachsenden nicht gerade ein überwältigendes Selbstbewußtsein. Unterschwellig sieht er sich vielmehr so:

- Ich bin klein und unterlegen.
- Ich bin dümmer als die Großen.
- Ich bin ungeschickter.
- Von den meisten Dingen verstehe ich nichts.
- Das Leben ist äußerst kompliziert und immer eine Schuhnummer zu groß für mich.
- Ich habe grundsätzlich unrecht, die anderen sind im Recht.

Irgendwann dämmert es manchen, daß sie eigentlich so klitzeklein nicht sind, wie man sie glauben macht, und stellen die Haare auf.

Rebellion ist meist ganz vergeblich

Sie rebellieren, sie toben, sie werden aggressiv. Sie versuchen, Gleiches mit Gleichem zu vergelten. (»Du bist ein abscheuliches Kind.« – »Ihr seid abscheuliche Eltern!«) Aber meist ziehen sie letzten Endes doch den kürzeren. Außerdem wird durch spontanes Aufbegehren zwar ein wenig Dampf abgelassen, aber echtes Selbstbewußtsein lernt man nicht durch einen flüchtigen Triumph. Das latente Gefühl der Unterlegenheit stellt sich früher oder später wieder ein.

Die meisten kommen ohnehin über ein gelegentliches Aufmucken nicht hinaus. Sie stehen daher im Geruch, sehr oder halbwegs gute Kinder zu sein. Bravsein aber ist nicht alles. Durch Bravsein allein ist noch keiner im Leben weitergekommen.

Und das wird aus den Braven

Unsere zivilisierte Welt ist übervölkert mit ehemals netten, braven Kindern, die mit sich und ihrer Umwelt nur in einem oberflächlichen Scheinfrieden leben, weil sie ihrer selbst nicht sicher sind.

Aus ihnen rekrutiert sich die Masse der Bescheidenen, der ewig Zweiten. Sie werden schamlos an

die Wand gespielt und ausgebeutet – vom Arbeitgeber, von ihren Freunden und von der eigenen Familie.
Die unfreiwillig Selbstlosen sind unter ihnen, die niemals wagen, für sich persönlich etwas zu fordern, obwohl sie es doch so sehr wünschen. Die ständig Beleidigten und Jammernden. Pausenlos macht ihnen aus den absurdesten Gründen ihr Gewissen zu schaffen, und sie möchten sich am liebsten dafür entschuldigen, daß sie überhaupt geboren wurden.
Die Einsamen und die Rabiaten gehören dazu – und das Millionenheer der Unglücklichen, die zu keiner befriedigenden Partnerschaft in Liebe und Ehe fähig sind.
Mangelndes Selbstwertgefühl ist der tiefere Grund für Mißtrauen und Eifersucht. Der komplexgeladene Mensch giert nach immer neuen Liebesbeweisen – um ihnen dann doch nicht zu glauben. Einfach weil er sich ja selbst gar nicht für liebens- und begehrenswert hält.
Er hat zwar eine vage Vorstellung davon, wie er beschaffen sein müßte, um sich durchzusetzen, um besser vor sich und den anderen bestehen zu können. Das gegen die eigene Person gerichtete Mißtrauen ist aber so groß, daß er es für ganz und gar ausgeschlossen hält, sich seinem Idealbild aus eigener Kraft auch nur millimeterbreit anzunähern.

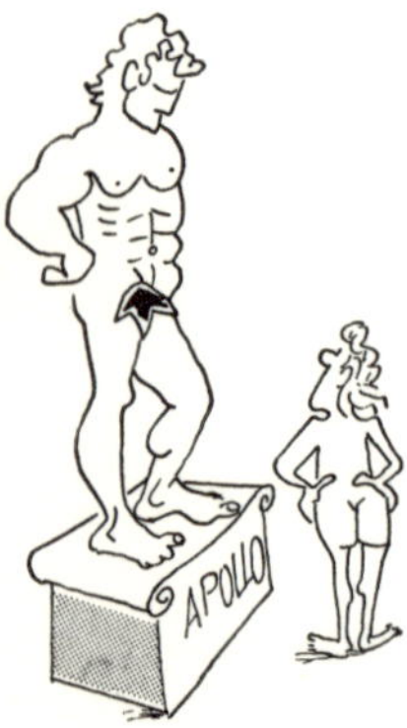

Das eigene Idealbild – schwer erreichbar

Daß es dennoch möglich ist, Selbstsicherheit zu lernen wie Vokabeln oder chemische Formeln, werde ich auf den nächsten Seiten zu beweisen versuchen.

2. Wer bin ich?

Vor einiger Zeit nahm ich am Selbstbehauptungstraining in einer Volkshochschule teil. Einerseits, weil ich in meiner Zeitung darüber schreiben wollte, andererseits aus egoistischen Motiven: Selbstbewußtsein kann man nie genug bekommen, schon gar nicht in einem harten Beruf wie dem meinigen. (Um

keine Mißverständnisse aufkommen zu lassen: gemeint ist das Selbst*bewußtsein*, das Wissen um die Werte der eigenen Person, nicht jedoch Selbst*überheblichkeit*.)
Keinem der Kursteilnehmer hätte man auf den ersten Blick angemerkt, daß er an einem »angekratzten« Ego, also einem geschwächten Selbstbewußtsein, litt. Es waren gutaussehende Hausfrauen darunter, Geschäftsleute, Techniker, eine Lehrerin und überraschend viele Studenten sowie ältere Schüler. Alle mit Eifer bemüht, ihre Lektionen in Selbstvertrauen gewissenhaft zu lernen. Ein aufschlußreicher Blick hinter die Kulissen der vielgepriesenen, vielbeneideten Erfolgsgeneration . . .

Negatives kommt wie aus der Pistole

Als die Kursleiterin einmal verlangte: »Schreiben Sie auf ein Blatt Papier alle Ihre negativen Eigenschaften«, setzte umgehend emsige Betriebsamkeit ein. Hei, wie da die Kugelschreiber flitzten. Wort folgte auf Wort, Satz auf Satz. Bei manchen erspähte ich endlose Listen. Andere kamen gar nicht mit einem einzigen Blatt Papier aus und nahmen vorsichtshalber gleich ein ganzes Heft zur Hand.
Nächste Aufgabe: »Und nun notieren Sie Ihre sämtlichen Vorzüge.«
Da breitete sich ratlose Stille aus. Verlegen starrten die Damen und Herren vor sich hin, setzten zögernd an, ein Wort, eine einzige gute Eigenschaft niederzuschreiben; stockten, strichen es wieder aus.
Ich glaube nicht, daß nach langem Nachdenken auch nur ein einziger mehr als drei positive Seiten seines Selbst zu entdecken vermochte. Als er es dann vielleicht dennoch tat, hat er sich gewiß ein wenig dafür geniert.

Übung im Vorübergehen

Menschen, die an Minderwertigkeitskomplexen leiden, neigen in übergroßem Maße dazu, mit unerbittlicher Strenge an sich selbst nur Mängel zu sehen, während sie bei anderen durch sanft rosarote Brillen nichts als brillante Vorteile wahrnehmen. Vergleichen sie dann die rosig überhauchten Mitmenschen mit der eigenen grauen Tristesse, dann muß das Resultat zwangsläufig niederschmetternd ausfallen. Allerhöchste Zeit, die rosa Brille einmal abzunehmen!

Seht euch die Passanten kritisch an

Eine einfache Vorstufe zur hohen Schule des Selbstbewußtseins läßt sich unauffällig absolvieren — auf der Straße. Sozusagen im Vorübergehen.

Es gilt dabei, die Passanten kritisch zu betrachten. Nicht um ein Menschenfeind zu werden, sondern um zu erkennen, daß kein Mensch vollkommen ist — genausowenig wie wir selbst.

- Der Mann dort drüben hat zwar imponierende Muskeln, aber seine Schuhe sind vertreten.
- Das junge Mädchen ist todschick gekleidet, dafür hat es einen Hängebusen.
- Der junge Mann geht federnd wie ein Spitzensportler — seine struppigen, ungepflegten Haare bräuchten dringend eine Wäsche.
- Die kleine Sexbombe hat beachtliche O-Beine.
- Der Gentleman im Pierre-Cardin-Look ähnelt mit seinen überlangen Armen auf verdächtige Weise einem Orang-Utan.

Wer bereits seinen Blick geschärft, wer ein wenig Sicherheit beim Aufspüren fremder Mängel gewonnen hat, mag einen Schritt weitergehen und die unmittelbare Umgebung unter die Lupe nehmen. Es spielt keine Rolle, ob die beobachtete Person leibhaftig anwesend oder etwa nur auf dem Bildschirm zu sehen ist.

- Herr A. hält zwar geistvolle Vorträge — doch ist seine Aussprache ziemlich feucht.
- Fräulein B. läßt gekonnt alle Register weiblicher Verführungskunst spielen; doch ist sie geschminkt wie ein Zirkusclown.
- Der Sportler X. zeigt eine reife Leistung; sein Gebiß ist eine Katastrophe.

● Die Popsängerin Y. singt Spitze. Beim Interview sollte sie nicht soviel reden – sie produziert nur blühenden Unsinn.

Gefährliche Idole

Eine Sucht, der besonders junge Menschen nur zu leicht verfallen, ist das bedingungslose Anbeten und Nachmachen bestimmter Personen. Wer seiner selbst noch nicht allzu sicher ist, klammert sich an ein Vorbild, ein Idol, und gerät dadurch in Gefahr, das zu verlieren (oder erst gar nicht zu gewinnen), wonach er doch so verbissen strebt: eine eigene, ausgeprägte, unverwechselbare Persönlichkeit.
Vor lauter Anhimmelung für den anderen wird der Blick getrübt für die eigenen Vorzüge, und blindlings eifert man dem Vorbild nach. Da man nun einmal nicht in der Haut des anderen steckt, kann man nie so sein, so werden wie er. Alles, was dabei herauskommt, ist bestenfalls eine schlechte Imitation, wenn nicht ein lächerlicher Abklatsch des Originals.
Ich erinnere mich noch mit Grausen der Marlon-Brando-Welle, die nach dem Film »Der Wilde« über uns hereinbrach; mit einer ganzen Generation von großen und kleinen Reservewilden, mit oder ohne Motorrad.

Keiner kann so werden wie »Der Wilde«

Die Schlagersängerin Conny Francis brachte damals die Mode der Petticoats und der sinnlich-dunklen Augen auf. Sämtliche Teenager stopften sich daraufhin mit Unterröcken aus und schminkten sich die Augen – wenn auch meist reichlich ungeschickt –, um ebenso interessant und »sündig« auszusehen wie ihr Idol.

Das eigene Licht sehen

Sieht man von diesen großen, weltumspannenden Imitationsbewegungen ab, so hat fast jeder ein privates Vorbild, das ihm jedoch mehr schadet als nützt, weil der Glanz des Idols das eigene Licht allzu heftig überstrahlt.

Auch ein »Idol« hat seine Flecken

Dieses Licht aber muß endlich zum Leuchten gebracht werden, will man nicht ständig eine unbedeutende, unbeachtete Statistenrolle im Hintergrund spielen. Es gilt daher, die Flecken am Bild des Idols ein wenig herauszuarbeiten, ebenso wie die hellen, liebenswerten Facetten an der eigenen Person.

Man braucht dafür nichts weiter als eine ruhige Stunde zum Nachdenken. Ferner ein Blatt Papier. Links je eine Plus- und Minusspalte für das Vorbild, rechts zwei gleiche Spalten für sich selbst.

Nun aktiviert man den Rest seines objektiven Beurteilungsvermögens, nimmt das Idol ernsthaft unter die Lupe (bitte nicht mogeln!) und notiert dessen positive und negative Eigenschaften, Merkmale, Verhaltensweisen. Es ist strikt darauf zu achten, daß in den beiden Idol-Spalten höchstens gleich viel Punkte angeführt werden; auf gar keinen Fall dürfen die positiven überwiegen.

In der gleichen Weise verfährt man mit der eigenen Person. Hier allerdings *müssen* mehr positive als negative Punkte vorhanden sein.

Lissy und der Klassenvamp

Lissy erstirbt in Bewunderung für Nora, den rothaarigen Klassenvamp. Wenn sie selbst in den Spiegel schaut, möchte sie heulen. Diese Schweinsäuglein! Diese ausgefransten Mäusehaare! Diese eckigen Bewegungen!

Kein Trost, wenn die Mutter erklärt: »Kränke dich nicht, das ist Entwicklungssache. Die häßlichsten Mädchen werden oft die hübschesten Frauen, frühe Schönheit hingegen verblaßt sehr bald.«

Erstens: Wer gibt Lissy die Garantie, daß es wirklich so ist? Und zweitens: Was nützt ihr die Schön-

heit von übermorgen? Hier und heute ist sie mit ihrer Erscheinung, mit ihrem ganzen Wesen unzufrieden, unglücklich.
Lissy möge sich also hinsetzen und eine Plus-Minus-Liste für sich und die angebetete Nora zusammenstellen. Dies wird ihrem geknickten Selbstbewußtsein überraschenden Auftrieb geben. Vielleicht widerstrebend – aber dennoch wird sie die eigenen positiven Seiten überhaupt in Erwägung ziehen. Ihre Gedanken, bisher ausschließlich auf die prächtige Nora fixiert, finden ein ganz neues und durchaus nicht uninteressantes Beobachtungsfeld.
So sieht Lissys Liste aus:

Nora		*Lissy*	
+	–	+	–
charmant hübsch witzig schreibt gute Aufsätze	dicke Beine lautes Lachen schlecht in Latein manchmal überheblich ungeduldig	gute Jeansfigur tierliebend gut in Mathe freundlich kann gut zuhören *Komplimente* höflich schöne Zähne	dünnes Haar kleine Augen ungeschickt leicht angerührt

Pickel kontra Brille

Fritz wiederum fühlt sich unheimlich beeindruckt von Tom, obwohl ihm sein gesunder Menschenverstand sagen müßte, daß er diesem Möchtegernhelden charakterlich turmhoch überlegen ist.

Der Tom ist gar nicht so perfekt!

Aber ach, was nützt die scharfsinnigste Einsicht, wenn dahinter dunkle Kräfte erbarmungslos walten und das Selbstbewußtsein des armen Fritz systematisch untergraben?
In einem lichten Moment könnte Fritz sich vielleicht dennoch eine Liste folgender Art zusammenbasteln:

Tom		*Fritz*	
+	–	+	–
Schi-As	arrogant	guter	schüchtern
schlagfertig	Pickel	Bastler	Brillen-
Führer-	schlechter	zielstrebig	träger
natur	Schüler	glatte Haut	Erröten
	manchmal	hilfsbereit	
	skrupellos	guter	
		Schüler	
		Anerken-	
		nung	
		netter	
		Kumpel	
		zuverlässig	

Für Jungen wie Mädchen gilt, daß sie sich der Vorzüge ihrer Vorbilder durchaus bewußt bleiben, jedoch lernen, auch die eigenen wahrzunehmen.
Wer merkt, daß er sich, gemessen an seinem Idol, wieder »minder« vorkommt, soll sofort erneut den kritischen Blick üben. Das heißt: jedem bewunderten Vorteil des anderen ganz deutlich und bewußt einen Minuspunkt gegenüberstellen. Nur so läßt sich mit der Zeit eine realistische Einstellung finden.
Passiert gar noch der Glücksfall der Anerkennung durch Außenstehende, dann soll auch das kleinste Lob in die Liste der eigenen Pluspunkte aufgenommen und die ganze erfreuliche Serie mindestens einmal täglich rekapituliert werden.

Sind Lissy und Fritz nun, vielleicht zum erstenmal in ihrem Leben, zu der überraschenden Einsicht gekommen, daß es doch ein paar Dinge an ihrer Person gibt, die so abscheulich gar nicht sind, so geraten sie doch früher oder später an eine neue Klippe. Sie sagen sich: So und so bin ich; dies und jenes habe ich, kann ich – aber der Mensch, der ich wirklich sein möchte, dieser Mensch bin ich deswegen noch lange nicht.

Bei vielen klafft eine böse Lücke

Wie, so frage ich euch, möchtet ihr denn nun eigentlich sein? Und: Wie groß ist, bei genauem Hinsehen, der Unterschied zwischen eurem Real- und eurem Idealbild?

Es gibt einige ganz wenige glückliche Menschen, bei denen Realbild (so, wie einer sich selbst sieht) und Idealbild (so, wie er gerne sein möchte) haarscharf deckungsgleich sind. Bei den meisten klafft eine gewaltige Lücke zwischen Wunsch und Wirklichkeit.

Ist die Entfernung zwischen diesen beiden Bildern allzu groß, dann kann dies zwei Ursachen haben. Entweder man steht sich selbst viel zu kritisch gegenüber. Oder man schraubt die Forderungen weit über die eigenen Kräfte hinaus.

Wie dem auch sei: eine solche Diskrepanz führt unweigerlich zu inneren Konflikten und Spannungen. Auf deutsch gesagt: man ist kreuzunglücklich und weiß möglicherweise nicht einmal recht, warum.

Der erste Schritt aus diesem Jammertal führt – erraten! – wieder über ein Blatt Papier und einen Bleistift zwecks Erstellung eines »Polaritätsprofils«, das die deutschen Psychologen Lutz Schwäbisch und Martin Siems ausgetüftelt haben.

Links wird eine Reihe der gängigen menschlichen Charaktereigenschaften notiert, rechts deren Gegenteil. Dazwischen die Ziffern 1 bis 7.

A	zurückgezogen	1	2	3	4	5	6	7	gesellig
B	heiter	1	2	3	4	5	6	7	traurig
C	weich	1	2	3	4	5	6	7	hart
D	verschwommen	1	2	3	4	5	6	7	klar
E	stark	1	2	3	4	5	6	7	schwach
F	passiv	1	2	3	4	5	6	7	aktiv
G	hilfsbereit	1	2	3	4	5	6	7	egoistisch
H	verspielt	1	2	3	4	5	6	7	ernst
I	extrovertiert	1	2	3	4	5	6	7	gehemmt
J	kühl	1	2	3	4	5	6	7	gefühlvoll
K	mitteilsam	1	2	3	4	5	6	7	schweigsam
L	friedlich	1	2	3	4	5	6	7	aggressiv

1 bei Punkt A heißt, daß man sich als sehr zurückgezogen empfindet. Mit einer 7 hingegen fühlt man sich als rasanter Partytiger. 1 bei Punkt L: Ich bin so friedlich, daß es schon fast an Blödheit grenzt; 7 signalisiert: von Friedfertigkeit keine Spur. Die Angriffslust dominiert bei weitem.

Ziffer 4 bei Punkt G bedeutet einen ziemlich ausgewogenen Mittelweg zwischen rücksichtslosem Egoismus und überströmendem Altruismus, also übertriebener Selbstlosigkeit.

So, und nun geht es los.

Wir *kreuzen* zunächst einmal an, wie wir uns selbst sehen. Eine recht krasse Liste könnte ungefähr so aussehen: zurückgezogen 1, heiter 7, weich 1, verschwommen 1, stark 7, passiv 1, hilfsbereit 1, verspielt 7, extrovertiert 7, kühl 1, mitteilsam 7, friedlich 1.

Was wir da haben, ist das typische Bild einer gehemmten, unsicheren Persönlichkeit. Und man kann Gift darauf nehmen, daß sie dauernd von anderen ausgenützt wird.

Wenn dieser gleiche Mensch nun darangeht, sein Wunschbild herauszuarbeiten, *ringelt* er die entsprechenden Ziffern ein. Womöglich gar: zurückgezogen 7, heiter 1, weich 7, verschwommen 7, stark 1, passiv 7, hilfsbereit 6, verspielt 4, extrovertiert 1, kühl 5, mitteilsam 1, friedlich 4. Das heißt nicht mehr und nicht weniger, als daß der forsche Draufgänger, den jedermann liebt und bewundert, sein geheimes Ideal ist.

Wann und wo?

Man braucht kein studierter Psychologe zu sein, um zu ermessen, daß da ein Abgrund zwischen Möchten und Können liegt und daß es unmöglich ist, mit einem Sprung von der einen auf die sternenweit entfernte andere Seite zu gelangen. Da muß eine tragfähige Brücke her mit einem soliden Geländer, an dem man sich vorsichtig vorwärtshanteln kann.

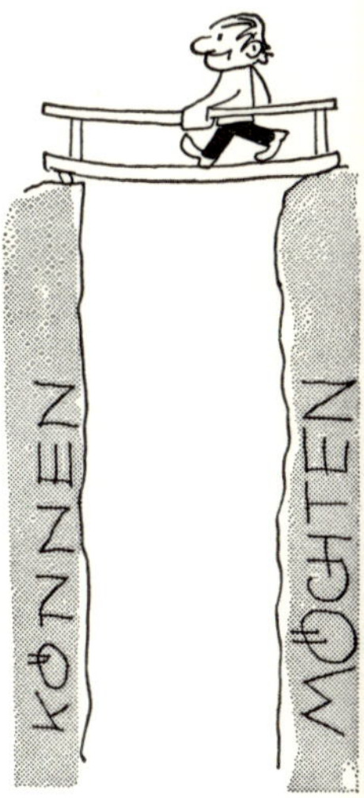

Eselsbrücke zwischen Möchten und Können

Ehe wir uns auf die strapaziöse Reise machen, nehmen wir uns noch einmal die Liste mit den tatsächlichen und den Wunscheigenschaften vor und versuchen sie ein wenig zu verdeutlichen.
»Ich will nicht mehr weich sein«, klingt entschieden zu vage und bietet keinen echten Ansatz für ein klaglos funktionierendes Änderungsprogramm. »Ich bin so weich«, sagt überhaupt nicht, bei welcher Gelegenheit und welchen Menschen gegenüber man sich als zu weich (zu nachgiebig) empfindet. Möchte man wirklich in *allen* möglichen Situationen und jeder Bezugsperson gegenüber plötzlich den harten Burschen spielen?
Im Umgang mit einer herzigen kleinen Schwester scheint es doch eher angebracht, weich zu bleiben. Nützlich wäre es hingegen, dem großen Bruder mit mehr Festigkeit zu begegnen.
Es wird daher bei genauer Überlegung nicht heißen: »Ich bin zu weich und möchte härter sein«, sondern: »Ich möchte den Mut aufbringen, meinem großen Bruder zu sagen, er soll gefälligst den Plattenspieler ein wenig leiser stellen, wenn ich in Ruhe lesen möchte.«
Oder was heißt zum Beispiel: »Ich bin zu kühl und

möchte gefühlvoller sein«? Soll es bedeuten, daß man über einen zufälligen Passanten, der nach dem Weg fragt, einen Eimer voller Gefühle auszugießen wünscht? Oder meint es nicht vielmehr: »Ich würde so gerne meiner Freundin (meinem Freund) zeigen, daß auch ich Zärtlichkeit empfinde«?

Wer weniger schweigsam sein möchte, hat nicht den Wunsch, in einer überfüllten Straßenbahn Proben seiner rhetorischen Künste abzugeben, sondern meint ganz konkret: »Beim Treffen der Klassenkameraden würde ich auch ganz gern einmal das Wort ergreifen.«

Man sieht: persönliche Eigenschaften sind keine monumentalen Blöcke, sie bestehen vielmehr aus einer Fülle von Einzelreaktionen auf bestimmte Situationen und Personen.

Einen Brocken zu bewegen erfordert übermenschliche Kräfte. Sich in einzelnen Situationen anders zu verhalten als bisher – das bedarf keines zähneknirschenden Kraftaktes. Das kann man im kleinen trainieren.

Wohlan denn: trainieren wir!

3. Weder Trick noch fauler Zauber

Ziemlich am Ende einer ausgedehnten Party waren die Gäste schon ein wenig müde. Man kennt das: genug getanzt, genug geplaudert – aber noch immer keine Lust auseinanderzugehen.

In einem solchen Fall pflegt die Hausfrau in die Küche zu stürzen, um dann eine Gulaschsuppe oder ähnlich Ermunterndes zu kredenzen.

Die Hausfrau auf dieser speziellen Party hatte eine andere Idee: sie behauptete schlichtweg, zaubern zu können, und erbot sich, auf der Stelle den Beweis zu liefern. Die Gäste waren animiert, die Müdigkeit verflogen.

Die Hausfrau wählte fünf Versuchspersonen, durch-

wegs junge, kräftige Männer. Einer von ihnen zeichnete sich überdies durch Körperfülle von falstaffschen Dimensionen aus.
Der Dicke mußte seine hundertzwei Kilo auf einem stabilen Küchenstuhl deponieren. Die vier anderen wurden angewiesen, Stuhl plus Mister Falstaff hochzuheben.

Durch Entmutigung arg geschwächt

Ehe sie an die Arbeit gingen, meldete die Hausfrau leise Zweifel an. »Ich weiß nicht... Ich fürchte, das wird nicht funktionieren. Unser Freund ist wohl doch etwas zu schwer. Und ihr vier hier seid, wie mir scheint, nach diesem langen Abend auch nicht mehr in Hochform. Ich denke, wir lassen es lieber. Oder wollt ihr es doch probieren? Na, schadet ja nichts ...«
Solcherart nicht extrem ermutigt, setzten die vier jungen Männer mit großem Oh und Ach zu ihrem Kraftakt an. Es gelang ihnen mit schweißtreibender Mühe, den Koloß wenige Zentimeter über den Boden zu hieven.
»Gut, ganz gut«, lobte die Hausfrau. »Aber ihr werdet sehen, wieviel mehr ihr schafft, wenn ich ein bißchen gezaubert habe.«
Was dann folgte, war eine perfekte, fast zirkusreife Show. Die Hausfrau verdrehte die Augen, streckte die Arme von sich, versank in Trance und machte geheimnisvolle, beschwörende Zeichen.
Mit tonloser Stimme wies sie die vier Muskelmänner an, ihre Hände übereinander auf den Kopf des Mister Falstaff zu legen, während sie mit geschlossenen Augen, unverständliche Sprüche murmelnd, die Gruppe eine Weile umkreiste. Dann blieb sie abrupt stehen und sagte mit einer fremden Stimme, die sich ekstatisch überschlug: »Jetzt, Freunde, jetzt ist der Augenblick. Hebt ihn! Hebt ihn ganz hoch!«
Die vier packten zu und – ahhh! Die Zuschauer schrien verblüfft auf: wie eine Feder wurde der dicke Mann emporgehoben. Er schwebte mit angstbleichem Gesicht einen Augenblick über den Schul-

tern der vier jungen Männer, ehe er sanft zur Erde niederging.

Die Gäste waren wie elektrisiert und bestürmten die Hausfrau mit Fragen. Wie hat sie das gemacht? Selbstverständlich kann sie nicht zaubern – aber wo ist der Trick?

»Der Trick ist gar kein Trick. Die Sache ist ganz einfach, und jeder von euch kann sie in Szene setzen«, sagte die Hausfrau lächelnd. Und sie erklärte es.

Assertive-Training

Stärke wächst aus Selbstvertrauen!

Die Dame des Hauses ist – wir kennen sie bereits – Dr. Gerlinde Ortner. Sie ist, auch das wissen wir schon, Verhaltenspsychologin.

Die von ihr zum Spaß inszenierte Zaubershow spiegelt auf verblüffende Weise tausendfach erfahrene Wirklichkeit wider: wenn wir von vornherein entmutigt sind, wenn wir das Gefühl haben, eine Aufgabe nicht lösen, eine Situation nicht meistern zu können, dann versagen wir nur allzuleicht.

Gehen wir jedoch selbstbewußt und mit der felsenfesten Überzeugung an die Aufgabe heran, daß sie hundertprozentig gelingen wird, dann ist das Spiel schon deshalb gewonnen.

Mehr Kraft und Mut und Tüchtigkeit, als wir ahnen, steckt in jedem von uns. Wir müssen die schlummernden Schätze unserer Persönlichkeit nur ans Tageslicht befördern.

Aber wie?

Das ist die große Frage.

Leider wacht nicht hinter jedem von uns ein guter Geist, der uns mit Zauberformeln zu höherem Selbstvertrauen und besseren Leistungen anspornt. Aber wo steht denn geschrieben, daß wir nicht unser eigener Magier sein können, daß wir nicht selbst unsere verborgenen Reserven mobilisieren können?

»Assertive-Training« (Selbstbehauptungstraining) sollte uns dabei helfen. Zwar ist es kein magisches Wort, das uns, dreimal mit geschlossenen Augen gemurmelt, von einer Sekunde zur anderen in Helden verwandelt; ein wenig müssen wir schon selbst tun, wir müssen lernen und üben. Doch keine Angst: der Lehrstoff ist leicht faßlich; die Übungen, richtig dosiert und nicht übertrieben, lassen sich spielend absolvieren.

Assertive-Training wurde vor mehr als zwanzig Jahren von dem amerikanischen Psychologen A. Salter entwickelt und hat mittlerweile Millionen Menschen in aller Welt geholfen, mit sich und ihrer Umwelt besser zurechtzukommen.

Selbstsichere Menschen sind angstfrei

Dr. Salters Programm beruht auf der Erkenntnis, daß Selbstsicherheit und Angst zwei einander ausschließende Begriffe sind. Ein selbstsicherer Mensch hat keine Angst, ein ängstlicher Mensch ist nicht selbstsicher.

Aber selbst wenn wir, wie im vorigen Buchabschnitt beschrieben, gelernt haben, vor bestimmten Situationen und Menschen keine Angst mehr zu fühlen, haben wir einfach noch keine Praxis im ungezwungenen Umgang mit anderen Menschen. Wir müssen unsere Selbstsicherheit erst langsam aufbauen.

Dies sollten wir in ähnlich kleinen Schritten erlernen, wie wir die Angst verlernt haben. Nehmen wir uns zu viel auf einmal vor, dann kann es passieren, daß wir wieder auf die Nase fallen. Durch ein oder mehrere negative Erlebnisse geschockt, können wir in unsere alten Angstzustände zurückversinken.

Erfolg in ein paar Stunden

Das erste Selbstbehauptungstraining erlebte ich als Reporterin vor einigen Jahren im psychiatrischen Krankenhaus in Salzburg. In der dortigen Station für Sozialpsychiatrie verwandeln sich schüchterne, gehemmte Menschen während eines sechswöchigen Seminars in selbstsichere, ungezwungene Persönlichkeiten. Verklemmte, gedrückte Menschen wandern hinein, aufrechte, muntere Leute kommen wieder heraus. Es scheint tatsächlich an Zauberei zu grenzen. Wenn ich es nicht mit eigenen Augen gesehen, mit eigenen Ohren gehört hätte, welche Riesenfortschritte einzelne Patienten schon in den ersten Trainingsstunden gemacht haben — ich würde es nicht glauben.

Trainingspunkt Nr. 1: Nach der Zeit fragen

Das Kursprogramm begann mit einem Einführungsvortrag. Daran schlossen sich sofort praktische Übungen. Mehr als eine Stunde lang trainierten die Teilnehmer unter Anleitung eines Psychologen und jeweils paarweise eine simple Straßenszene: Man fragt einen Passanten nach der Uhrzeit.

Wie sie allesamt rot und blaß wurden, wie sie stotterten und schwitzten, das war erschütternd und ein wenig peinlich zu beobachten. Aber siehe da — am Ende konnte jeder sein Sprüchlein vorbringen, ohne daß man das Gefühl hatte, er würde auf der Stelle in Ohnmacht sinken.

Am gleichen Nachmittag ging das Ganze noch einmal über die Bühne. Diesmal nicht hinter den schützenden Mauern des Krankenhauses, sondern auf der Straße.

Wie eine Schar verängstigter Hühner zogen die Teilnehmer des Seminars hinter zwei Psychologinnen her. Die demonstrierten an echten Passanten, wie es gemacht wird. »Bitte können Sie mir sagen, wie spät es ist?« — »Würden Sie mir bitte sagen, wie ich am besten zum Bahnhof komme?«

Den Kursteilnehmern war übrigens eingeschärft worden, niemals das Wort »Entschuldigung« zu gebrauchen. (Etwa: »Entschuldigen Sie bitte, können Sie mir sagen ...«) Es wurde ihnen klargemacht, daß man keine Schuld auf sich lädt, nur weil man wissen möchte, wie spät es ist. Die Demutsfloskel erübrigt sich daher. Dies ist besonders wichtig für

Menschen, die sich auf Grund ihres mangelnden Selbstbewußtseins ohnehin immer und überall schuldbeladen fühlen.
Schließlich wagte der mutigste Patient ebenfalls, einen Fremden zu fragen. Er wurde weder kalt abgekanzelt noch sonstwie bloßgestellt. So nahmen sich denn auch andere Kursteilnehmer ein Herz.
Zum erstenmal in ihrem Leben trauten sie sich, fremde Menschen anzusprechen, gar um etwas zu bitten; sie hatten, als alles gutging, ein überwältigendes Erfolgserlebnis. Sie gerieten in eine wahre Frageorgie, waren wie berauscht von einem völlig neuen Ichgefühl und gingen beschwingt, freudig schnatternd in die Klinik zurück. Dieselben Menschen hatte ich wenige Stunden zuvor als wandelnde Angstneurosen kennengelernt!
In der Klinik werden (und zwar auf Kassenkosten!) selbstverständlich nur wirklich schwer gestörte Menschen behandelt, deren ganze Existenz durch gigantische Hemmungen gefährdet ist.
Wenn es aber möglich ist, seelisch *Kranken* durch ein Selbstbehauptungstraining zu helfen — um wieviel größer müssen die Chancen sein für jemanden, der eben nur *ein wenig* schüchtern, dessen Selbstbewußtsein nicht völlig gebrochen, sondern nur etwas »angekratzt« ist?

Jeder zweite leidet

Schüchternheit und soziale Unsicherheit sind unter heranwachsenden Jungen und Mädchen ein weitverbreitetes Leiden. Praktisch jeder zweite ist davon befallen.
Die Ursachen können mannigfaltig sein. Entweder wurde die schüchterne Verhaltensweise durch Bezugspersonen (Eltern, Großeltern) vorgelebt — oder durch sie anerzogen. »Das kannst du nicht.« — »Dafür bist du noch zu jung.« — »Laß die Finger davon, ungeschickt, wie du bist.«

Schüchternheit — ein verbreitetes Leiden

Möglich ist auch, daß der junge Mensch seine Selbstsicherheit durch eine Reihe von unangenehmen Erlebnissen (Beispiel: öffentliche Blamage, Ausgelachtwerden) allmählich verloren hat.

So werden junge Leute fertiggemacht

Man kann immer wieder beobachten, wie Erwachsene sich mit geradezu sadistischem Vergnügen über junge Leute lustig machen, bloß weil diese eine kleine Ungeschicklichkeit begehen.

Ich war einmal auf einer Party, die ausdrücklich als »Jeansparty« angekündigt worden war. Ein junger Mann hatte die schriftliche Einladung nicht genau gelesen und erschien im dunklen Anzug. Den haben sie mit dummen Bemerkungen und albernem Gelächter so fertiggemacht, daß er sich monatelang nicht mehr in Gesellschaft wagte.

Meine kleine Freundin Trixie, ohnehin nicht gerade eine Heldin, wurde in einem Schuhgeschäft fix und fertig gemacht. Sie nahm aus lauter Schüchternheit sowieso das erstbeste Paar Schuhe, das ihr eigentlich überhaupt nicht gefiel. Als es ans Bezahlen ging, mußte sie entsetzt feststellen, daß sie ihr Geld daheim vergessen hatte.

Die Verkäuferin hatte nichts Besseres zu tun, als ironisch zu fragen, ob Trixie nicht vielleicht einen reichen Freund hätte, der für sie einspringen könnte. Und so weiter – bis Trixie weinend aus dem Geschäft rannte und von da an nur noch in Begleitung ihrer Mutter auf Einkaufsbummel ging.

Wie die Dinge nun einmal liegen, wird es Trixie kaum möglich sein, immer an Mutters Hand zu gehen, und sie sollte sich möglichst bald daranmachen, es doch wieder schrittweise allein zu probieren. Tut sie das nicht, dann landet sie unweigerlich in der unübersehbaren Schar unsicherer Konsumenten, die sich widerstandslos das Geld aus der Tasche ziehen lassen.

Trixie setzt sich daheim gemütlich hin, entspannt sich und desensibilisiert die kritische Szene im Schuhgeschäft (siehe Seite 23 ff.).

Ist das geschehen, sagt sie sich verschiedene Einkaufsfloskeln vor. »Ich möchte eine Bluse kaufen.« — »Bitte zeigen Sie mir die braun-weißen Slipper aus der Auslage.« — »Nein danke, das gefällt mir nicht.« Hat sie ein Tonband — um so besser. Die gängigen Sätze werden so lange wiederholt, bis die Stimme angstfrei und fest klingt.

Erst prüfen, dann kaufen

Solchermaßen vorbereitet, wagt sich Trixie nun ins rauhe Leben hinaus. Sie wird natürlich nicht ins erstbeste Geschäft gehen und dort einen Riesenwirbel veranstalten, sondern ganz klein anfangen. Etwa so:

- »Sie haben hübsche braun-weiße Slipper in der Auslage. Ich möchte mich vorläufig nur informieren, ob es die auch in Blau gibt. — Danke.« Und mit der gewünschten Auskunft das Geschäft verlassen.
- In eine Konditorei gehen, eine Tafel Milchschokolade verlangen. Wenn die Verkäuferin bereits das Gewünschte herbeigeholt hat: »Ach nein, ich habe es mir überlegt. Ich nehme doch lieber eine Haselnußschokolade.«
- Trixie will eine bestimmte rotgestreifte Bluse erstehen, die ihr schon seit langem ins Auge sticht. Sie läßt sich aber zunächst ausdrücklich eine einfarbige Bluse zeigen und sagt dann: »Die gefällt mir doch nicht so besonders gut. Würden Sie mir bitte die rotgestreifte aus der Auslage zeigen?« Diese Bluse kann dann gekauft werden.
- Drei bis vier Kleidungsstücke probieren und erst dann kaufen. Bei der Diskussion mit der Verkäuferin muß Trixie scharf aufpassen, daß sie sich nicht durch Überredungsformeln wie: »Aber das steht Ihnen doch ausgezeichnet« oder: »Das ist die allerletzte Mode« ins Bockshorn jagen läßt.

Trixie soll vorwiegend ichbetonte Sätze sagen: »Mir gefällt das nicht.« — »Ich finde, daß mir das nicht steht.« Die Reaktionen der Verkäuferin sind dabei leichter vorauszusehen. Sie kann nicht gut behaupten: »Nein, das gefällt Ihnen doch« oder: »Nein, das finden Sie nicht . . .«

Hat es Trixie erst einmal geschafft, sich nicht das erstbeste Stück anhängen zu lassen, dann wird ihr die schwierigste Stufe der Selbstbehauptung im Geschäft auch nicht mehr viel Sorgen machen.

● Sie geht in einen Schuhladen, obwohl sie augenblicklich überhaupt nicht die Absicht hat, Schuhe zu kaufen, probiert mindestens drei Paar, um schließlich zu sagen: »Tut mir leid, ich habe nichts Passendes gefunden.«

Nach Überwindung dieser letzten Hürde dürfte Trixies Entwicklung zur kritischen, preis- (und selbst-)bewußten Konsumentin nichts mehr im Wege stehen.

Merke: Verkäuferinnen sind auch Menschen!

An dieser Stelle muß ich gestehen, daß ich lange Zeit ähnliche Hemmungen wie Trixie hatte. Ich erinnere mich, daß ich bis in meine späte Kindheit nicht den Mut aufbrachte, in einer Bäckerei auch nur eine Semmel zu verlangen.

Mein Glück war, daß ich eines Tages eine Freundin fand, die schon im Alter von fünfzehn Jahren einen Einkaufstick hatte – jedoch äußerst wenig Taschengeld. Stundenlang streifte sie durch die nobelsten Geschäfte der Innenstadt; sie brachte Verkäuferinnen zur Verzweiflung, indem sie stundenlang suchte, probierte und dann aus dem Laden ging, ohne auch nur ein Taschentuch zu kaufen.

Während ich sie, sprachlos vor Staunen, begleitete und beobachtete, habe ich begriffen, daß man sich vor Verkäuferinnen nicht zu fürchten braucht. Allerdings habe ich damals auch gelernt, daß Verkäuferinnen Menschen sind wie du und ich, die man nicht mutwillig quälen sollte.

Meine Freundin weiß das leider bis heute nicht.

Bert wird ein Partytiger

Bert, ein junger Freund unserer Familie, kommt gar nicht dazu, sich von Verkäuferinnen in Verlegenheit bringen zu lassen. Er geht niemals allein einkaufen. Seine Mutter macht das schon. Die täglichen Besorgungen erledigt sie selbst, was Bert persönlich braucht, bestimmt sie.

Geht es zum Beispiel darum, einen neuen Anzug für Bert zu beschaffen, dann schleppt ihn seine Mutter ins Kaufhaus, läßt ihn an- und ausziehen wie eine Kleiderpuppe und dann das einpacken, was *ihr* gefällt. Bert wird nicht gefragt.

Ich muß einmal ein sehr ernstes Wort mit dieser Mutter reden.

Daß im Schatten seiner Mama Berts Selbstvertrauen sehr unterentwickelt ist, versteht sich wohl von selbst. Am meisten bekommt er das zu spüren, und am heftigsten stört es ihn, sobald er sich in Gesellschaft befindet. Da sitzt er bleich und schwitzend, die Zähne zusammengebissen und die Hände verkrampft; total isoliert, selbst in der lustigsten Runde. Und er möchte doch so gern ... Er hätte auch soviel zu sagen. Aber wie?

Im Schatten der Mama lebt sich's schwer

Vorerst gar nichts sagen. Weiter den Mund halten. Im stillen Kämmerlein aber entspannen, allgemeine Partyängste desensibilisieren (siehe Seite 76 ff.) und dann einige Vorübungen absolvieren.

Bert soll seine Rolle als künftiger Partytiger angehen wie ein Schauspieler.

Zunächst muß er lernen, ein freundliches Gesicht zu machen, locker und gelöst auf dem Stuhl zu sitzen und nicht zu erschrecken, sobald er nur seine vor Angst heisere Stimme hört.

Er hat absolut keine Chance, jemals ein begehrter Gast zu werden, wenn er zum Beispiel einem Mädchen Feuer gibt und dabei (aus Angst) eine finstere Miene macht, als wäre er drauf und dran, dem Mädchen eine Beleidigung an den Kopf zu werfen.

Die Methode, wie man sich vor allem mit sich selbst anfreundet, habe ich den Salzburger Psychologen abgeschaut.

Der Spiegel als Freund und Helfer

Diese weisen ihre Patienten an, sich abends, nach dem Gruppenprogramm, allein zu beschäftigen – und zwar vor dem Spiegel! Sie sollen ihren Gesichtsausdruck, ihren Körper genau und kritisch studieren; nach Entspannungsübungen lockere Haltung und freundliche Mimik ausprobieren wie ein neues Kleid.

Anfangs liest man sich auch aus einem Buch einfache Texte mit lauter, klarer Stimme vor und kontrolliert jeweils mit einem Blick in den Spiegel, ob sich das Gesicht nicht wieder in düstere Falten legt.

Nachdem Bert die Spiegelübungen erfolgreich hinter sich gebracht hat, übt er, kurze Äußerungen von sich zu geben – mit freundlichem Gesicht, am besten zugleich von Spiegel und Tonband kontrolliert. Er beginnt mit einem unverbindlichen »Mhm« und steigert sich bis zu schwierigen Fragen wie: »Darf ich Ihnen Feuer geben?«

Die *praktischen* Übungen sehen schließlich so aus:

- Bert befindet sich in Gesellschaft und schweigt – wie üblich –, doch er achtet darauf, daß er gelöst dasitzt und ein freundliches Gesicht macht.
- Beim nächsten Mal: entspannt sitzen, freundliches Gesicht und bei passender Gelegenheit ein zustimmendes Nicken, ein unverbindlich gemurmeltes »Mhm«.
- Dritter Schritt. Wenn es sich ergibt, kurz Zustimmung äußern: »Das finde ich auch.« – »Ganz meine Meinung.« (Ist Bert konträrer Ansicht, dann soll er dies vorläufig für sich behalten. Sein Hauptwunsch ist es ja, überhaupt erst einmal akzeptiert zu werden, und da empfiehlt es sich nicht, dem Gesprächspartner gleich zu widersprechen.)
- Später. Kleine, vorher trainierte Sätze – die zwanglos zu einer längeren Aussage überführen kön-

nen: »Komisch, etwas Ähnliches habe ich auch erlebt.« Oder: »Ganz genauso ist es mir ergangen.«

- Der schwierigste Schritt ist die Überwindung der panischen Angst vor dem plötzlichen Angesprochenwerden. Er könnte mit Hilfe eines guten Freundes bewältigt werden.

Zum Glück verfügt Bert über einen solchen Kameraden, der im übrigen ähnliche Hemmungen hat wie er selbst. Bert bittet den Freund, ihn während der nächsten Party vor allen anderen und ohne Vorwarnung etwas zu fragen, was eine längere Antwort erheischt.

Es versteht sich von selbst, daß Bert dem Freund ähnliche Hilfsdienste erweist.

Merke: Im gemeinsamen Leid vereint, können selbst zwei Schüchterlinge ein beachtliches Selbstbewußtsein aufbauen.

Triumph über die Angst

In ein Geschäft zu gehen und etwas zu verlangen, wofür man dann aus eigener Tasche bezahlt; auf einer Party zu sitzen und höchstens gewärtig sein zu müssen, daß man angesprochen wird, ist eine (relativ) einfache Sache.

So lernt man Initiative ergreifen

Wesentlich komplizierter ist es, von anderen Menschen etwas zu verlangen. In den ersteren Fällen befindet man sich mehr oder weniger in der Defensive, in diesem Fall muß man wohl oder übel die Initiative ergreifen. Und das können sehr viele Menschen fast überhaupt nicht.

Ich habe in der Salzburger Sozialpsychiatrie einen jungen Architekten kennengelernt, der in seinem Beruf sehr erfolgreich war. Da gab er seinen Mitarbeitern strikte Anweisungen und hatte dabei nicht die geringsten Hemmungen. Die Leute wurden ja von ihm bezahlt, waren von ihm abhängig.

Er war jedoch nicht imstande, auf der Straße einen Passanten nach der Uhrzeit zu fragen.

Also wurde er mit den anderen Patienten ausgeschickt, dieses zu tun und sich auch gelegentlich nach Wegen und Straßenbahnverbindungen zu erkundigen.

Nachdem er diese »Prüfungen« erfolgreich hinter sich gebracht hatte, schickte man ihn in ein Kaffeehaus.

Beim ersten Anlauf wurde ihm gestattet, sich auf den nächstbesten »geschützten« Platz (Eckplatz, Nische, Rücken zur Wand) unmittelbar neben dem Eingang zu setzen.

Nächste Übungen:

- Zwei, drei Tische weiter weg vom Eingang.
- Mehr gegen die Mitte zu.
- Durch das Lokal ganz hindurchgehen, sich nach hinten setzen.
- In einem überfüllten Lokal jemanden bitten, ob man an seinem Tisch Platz nehmen dürfe.
- Sich in einem halbleeren Lokal zu jemandem dazusetzen.

Jener Architekt – von einer ebenso dominanten Mutter wie unser Freund Bert erzogen – hatte überdies noch ein ganzes Bündel weiterer Probleme. Er hatte Angst, sich falsch zu kleiden, eine ungeschickte Bewegung zu machen, ein unpassendes Wort zu sagen. Er hatte vor allem und jedem außerhalb seines engumrissenen Berufskreises Angst und lebte deshalb wie ein Einsiedler.

Keine Angst vor »negativen Übungen

Die Salzburger Psychologen unterzogen ihn daher, neben dem allgemeinen Desensibilisierungs- und Selbstbehauptungsprogramm, auch noch sogenannten »negativen Übungen«.

Bei dieser Methode werden Fehler bewußt wiederholt oder übersteigert. Bis man merkt, daß sich danach weder Höllenschlunde auftun noch rächende Blitze vom Himmel niederfahren, hat man auch die irrationale Angst vor diesen Fehlern überwunden.

Solche Negativübungen sollten natürlich nur unter Anleitung eines erfahrenen Psychologen ausgetüftelt und angewandt werden. Ich will sie dennoch beschreiben. Schließlich kann es nicht schaden, wenn einer meiner Leser vielleicht einmal mit voller Absicht eine Tasse zu Boden fallen läßt oder ein Wort falsch ausspricht — und damit endgültig die Angst verjagt, sich ungeschickt zu benehmen.

Der Architekt hatte folgendes Programm zu bewältigen:

1. In einem völlig unmöglichen Aufzug (schwarzer Anzug, knallgelbe Schuhe, rotkariertes Hemd, buntgeblümte Krawatte) in ein exklusives Nobelrestaurant zu gehen.

Nachdem er sich unter den befremdeten Blicken von Gästen und Kellnern eine halbe Stunde lang fast unter den Tisch geschämt hatte, war er dann doch imstande, ein paar Bissen hinunterzuwürgen.

»Schlechtes Benehmen« absichtlich trainiert!

2. Ein anderes Lokal besuchen, diesmal korrekt gekleidet, bei der Bestellung aber absichtlich stottern.

3. In einem Kaffeehaus ein Glas Wasser verschütten.

Diese Übungen schaffte der junge Mann relativ unbefangen, er scheiterte aber fast an der nächsten.

4. Er sollte in einem Restaurant einen Literkrug voll Rotwein bestellen und den Krug dann umstoßen. Dreimal versuchte er es vergeblich. Beim vierten Mal biß er die Zähne zusammen — und endlich ergoß sich das rote Naß übers blütenweiße Tischtuch.

Er habe sich nachher, vertraute mir der Architekt an, seltsam leicht und befreit gefühlt. »Irgendwie eine Art Triumph.« Es war auch ein Triumph: der Sieg über die lähmende Angst, Anstoß und Aufsehen zu erregen.

Wie gesagt — diese Methode wage ich nicht leichten Herzens, zur allgemeinen Nachahmung zu empfehlen.

Ein anderer, fast todsicherer Tip jedoch sollte unter schüchternen Menschen Allgemeingut werden.

Wer in einer bestimmten Situation verlegen wird,

zu stottern beginnt, gar noch errötet, wünscht auf der Stelle in den Boden zu versinken. Doch leider – kein Mauseloch tut sich hilfreich auf. Man wird noch verlegener – und die peinsame Befangenheit teilt sich schließlich dem Gesprächspartner mit.

Den Stier an den Hörnern packen!

Hier hilft nur eins. Den Stier bei den Hörnern pakken und sagen, was man gerade empfindet. »Jetzt bin ich aber richtig verlegen.« – »Ich glaube gar, ich werde rot.« – »Na so was, mir fällt überhaupt nichts ein.«

Durch diese klaren Informationen, die man ohnehin schon *körperlich* signalisiert, wird wie durch Zauberhand wieder eine Brücke zum Gesprächspartner geschlagen. Auf diese Weise kann man sich über peinliche Situationen hinweghelfen – oder sie gar vermeiden. Der Mut dazu lohnt sich garantiert.

Ich werde auf das spezielle Thema der Gefühlsäußerung im dritten Abschnitt dieses Buches noch einmal ausführlich zurückkommen.

Bitten und Neinsagen

Zwei Dinge fallen Menschen mit unterentwickeltem Selbstbewußtsein besonders schwer: um eine Gefälligkeit ersuchen und – eine Bitte abschlagen. So geraten sie in Gefahr, ständig von aller Welt bodenlos ausgenutzt zu werden, ohne auch nur den Hauch einer Gegenleistung zu sehen.

Aber auch Bitten und Neinsagen lassen sich erlernen.

Zunächst wird – falls vorhanden – wieder ein Tonbandgerät hilfreich sein, wenn man (nach vorheriger gründlicher Entspannung und Desensibilisierung) einige Redewendungen einübt. Nach Schwierigkeit gestaffelt, werden sie dann im Alltag eingesetzt.

- »Bitte mach die Tür zu.«
- »Bitte drehe das Radio etwas leiser.«
- »Bitte laß mich einen Blick in dein Lateinheft werfen.«

- »Könntest du mir dieses Buch (diese Platte) borgen?«
- »Bitte bringe mir zwei Kinokarten mit.«
- »Überprüfen Sie bitte das Wechselgeld, ich glaube, Sie haben zuwenig herausgegeben.«
- »Bitte stellen Sie sich hinten an, ich war vor Ihnen da.«

Die praktischen Übungen werden am besten zunächst an Verwandten und guten Freunden erprobt, später erst an Fremden — schon gar, wenn die Bitte bereits eine versteckte Kritik enthält (der andere hat sich verrechnet, sich vorgedrängt).

Auch Neinsagen will gründlich geübt sein

Das Bitten hatte mir persönlich schon lange keine Schwierigkeiten mehr bereitet. Aber das Verweigern! Meine Angst, jemanden zu vergrämen, indem ich »nein« sagte, war schon ein wenig pathologisch. Mittlerweile habe ich es, gottlob, gelernt und lebe dadurch wesentlich leichter als früher. Ohne die geringsten Gewissensbisse wage ich nun schon zu sagen:

- »Es tut mir leid, ich habe heute abend keine Zeit.«
- »Nein, ich kann dir kein Geld borgen, ich habe nämlich selbst nichts bei mir.«
- »Das Kleid kann ich nicht mit in die Putzerei nehmen, der Umweg wäre für mich zu groß.«
- »Ich kann dir leider keine Wohnung (keinen Rentenausweis, kein Spitalsbett, keine verbilligten Flugkarten und so weiter) besorgen.«
- »Suche dir bitte einen anderen Babysitter. Ich habe heute Theaterkarten, und die will ich nicht verfallen lassen.«

Wenn ich daran denke, daß ich tatsächlich einmal einen Opernabend sausen ließ, nur um eine Freundin nicht vor den Kopf zu stoßen (sie hatte Geld genug, sich eine ganze Armee von Babysittern zu leisten!), wenn ich heute daran denke, dann kann ich nur den Kopf schütteln über soviel gutmütige Dummheit.

Hilfsbereitschaft ist eine wunderschöne Sache. Es

fiele mir nicht im Traum ein, jemanden im Stich zu lassen, wenn es »um die Wurst« geht.
Aber man sollte hin und wieder auch zu sich selbst ein bißchen nett sein – und sich gelegentlich auch mal selbst auf die Schulter klopfen, wenn es schon die anderen nicht tun.
Dies ist ein so wichtiges Thema, daß ich mich im ganzen nächsten Kapitel damit beschäftigen werde.

4. Eigenlob stinkt NICHT!

Der junge Mann, der meinem Herzen ziemlich nahesteht, heißt Sebastian Benjamin. Er teilt Tisch (immer) sowie Bett (manchmal) mit mir und zeichnet sich außer durch Charme und Humor durch eine seltene Eigenschaft aus: er ist überaus selbstsicher – und macht auch nicht das geringste Hehl daraus.
Wenn er einen Nagel einschlägt, sagt er laut: »Den habe ich fein hineingekriegt« – gleichgültig, ob ihm jemand zuhört oder nicht.
Nach Erledigung seiner schriftlichen Arbeiten nickt er beifällig und sagt strahlend: »Mir scheint, das ist wieder einmal eine recht ordentliche Sache.«
Manchmal ist die Sache nicht ganz so ordentlich, wie er meint; dann gibt es eine kurze, sachliche Diskussion zwischen uns beiden, an deren Ende Sebastian Benjamin sich noch einmal hinsetzt, indem er sagt: »Okay, du kannst recht haben. Machen wir es eben noch ein bißchen ordentlicher.«
Sebastian Benjamin ist sieben Jahre alt. Ich versuche ihn nach den Erkenntnissen der modernen Verhaltenspsychologie zu erziehen. Das heißt, ich achte darauf, daß ich ihn für Wohlverhalten lobe, und ich spare nach Kräften mit Tadel.
Wenn er eine Aufgabe fehlerfrei geschrieben hat, streiche ich das gebührend heraus. Finde ich ein paar Schnitzer, dann sage ich: »Die ersten drei Zeilen sind ganz in Ordnung, aber in Zeile drei und vier hast

du Fehler übersehen. Ich weiß, du kannst es besser. Willst du es nicht noch einmal versuchen?«
Widerspruchslos beginnt er von vorn.

Zuviel Tadel – zuwenig Lob

Kinder sind im allgemeinen das genaue Spiegelbild unserer Erziehungsmethoden. (Es gibt natürlich, wie immer, Ausnahmen, bei denen auch noch verschiedene andere Faktoren, wie zum Beispiel Vererbung, eine dominante Rolle spielen.) Es ist daher ganz klar, daß Sebastian Benjamin über ein starkes Selbstwertgefühl verfügt, das ihn befähigt, mit sich und auch mit seiner Umwelt in Harmonie zu leben.

Daß er dieser Selbstzufriedenheit noch wortreich Ausdruck verleiht, hängt mit seinem Lebensalter zusammen. Später wird er sich nicht mehr bei jeder Gelegenheit lautstark loben, sondern sich mit dem inneren Gefühl einer guten Leistung begnügen, Stolz und Freude empfinden. Ich mache mir keine Sorgen um Sebastian Benjamin.

Sorgen mache ich mir vielmehr um die Millionen Heranwachsender, deren Selbstbewußtsein von Kindesbeinen an durch zu viel Tadel und zuwenig Lob auf ein Minimum beschnitten wurde.

Das machen Eltern und Lehrer falsch

Noch immer werden von den meisten Eltern und Lehrern gute Leistung und angemessenes Verhalten als selbstverständlich genommen, nicht oder kaum beachtet (und daher nicht konsequent verstärkt). Noch immer rufen hingegen die kleinsten Irrtümer, Fehler und Abweichungen gewaltige, manchmal sogar gewalttätige Donnerwetter hervor.

Die Folge: junge Menschen, die sich überhaupt nichts mehr zutrauen, die unsicher, schüchtern und unglücklich sind. Oder junge Menschen, die aufmucken, trotzig oder aggressiv werden. (Über die zweifelhaften Erfolge antiautoritärer Erziehung brauchen wir in diesem Zusammenhang nicht zu reden. Sie bilden eine verschwindende Minderheit.)

Dr. Gerlinde Ortner, die einige Jahre lang in einer öffentlichen Erziehungsberatung gearbeitet hat, erzählte mir eine Geschichte, die mich sehr erschüttert hat — vor allem deshalb, weil sie sich in Dr. Ortners Beratungsalltag ständig wiederholte.
Eltern, die Erziehungsprobleme hatten, wurden zu Beginn der Sprechstunde gebeten, die schlechten, verabscheuungswürdigen Seiten ihrer Kinder zu notieren. Das erbrachte jedesmal Listen von beachtlicher Länge. Sollten die Väter und Mütter dann aber die positiven Charaktereigenschaften ihrer Kinder vermerken, setzte die große Ratlosigkeit ein.
»Es gibt Leute«, berichtete Dr. Ortner, »die nicht imstande sind, eine einzige liebenswerte Eigenschaft ihrer Kinder zu nennen — und die dennoch behaupten, diese Kinder heiß und innig zu lieben.«

Ideale Ausbeutungsobjekte

Ein Kind, dessen »Erziehung« vorwiegend aus Ermahnungen, Einengungen, Beschimpfungen und Strafen besteht, muß zwangsläufig den Respekt vor der eigenen Person und das Vertrauen in sich selbst verlieren.
Später, als Halbwüchsiger oder Erwachsener, neigt ein solcher Mensch dazu, mit sich selbst in der abfälligsten Weise zu verkehren, sich seiner selbst zu schämen, sich wegen jeder Kleinigkeit quälende Vorwürfe zu machen.

Für ein bißchen Lob kann man alles haben

Solche Menschen sind die idealen Ausbeutungsobjekte. Man kann praktisch alles von ihnen haben, alles von ihnen verlangen — wenn man ihnen dafür nur ein ganz kleines Stückchen Lobzucker gibt.
Auf das schönste kann ich derlei Reaktionen durch Erfahrungen im nächsten Familienkreis belegen.
Meine beiden Großmütter unterschieden sich voneinander wie Tag und Nacht. Die eine war streng, kühl und korrekt. Sie war Hotelbesitzerin und behandelte

ihre Angestellten nach dem altbewährten Motto: »Kein Tadel ist auch ein Lob.« Sie wurde von den Untergebenen nicht geliebt, aber immerhin geachtet – nur, die meisten kündigten, wenn sich ihnen eine bessere Chance bot.

Die andere Großmutter hingegen, die einen großen Gutsbesitz als Witwenbetrieb leitete, war eine regelrechte Leuteschinderin und Halsabschneiderin – auch wenn sie stets eine wohlwollende, fröhliche Miene zur Schau trug.

Ihre Arbeiter waren miserabel bezahlt, wohnten in erbarmungswürdigen Löchern und schufteten von Sonnenaufgang bis Sonnenuntergang. Keinem fiel es ein, sich zu beschweren; die meisten arbeiteten schon zehn, zwanzig, dreißig Jahre für sie.

Das Geheimnis dieser Großmutter: sie verstand es, durch wohldosiertes Lob das Letzte aus den Menschen herauszuholen.

»Sieh dir diese Rosen an«, sagte sie in Gegenwart des Gärtners, »er hat die besten Blumenhände, die ich je erlebt habe. Es grenzt fast ans Wunderbare, was er alles zustande bringt ...«

Oder vor dem Küchenmädchen: »Ist unsere Rosi nicht tüchtig? Sie ist einfach überwältigend tüchtig. Kein Mensch kann einen solchen Berg Geschirr in so kurzer Zeit so perfekt waschen ...«

Heute weiß ich, daß die Großmutter bei der Auswahl ihrer Dienstboten äußerst zielstrebig und raffiniert vorgegangen sein muß (und daß ihr der damalige Mangel an Arbeitsplätzen kräftig in die Hand arbeitete). Mit sicherem Instinkt nahm sie offenbar nur solche Leute auf, deren Selbstwertgefühl gleich Null war und die daher zu willigen Opfern ihrer samtpfötigen Ausbeutungsmethoden werden mußten.

Lob ist lebenswichtig

Der Mensch braucht Lob und Anerkennung wie Essen und Trinken, wie die Luft zum Atmen. Wenn es ihm von anderen hartnäckig vorenthalten wird – nun, dann muß er es sich eben selbst spenden und sich vor Augen halten, daß Eigenlob ebensowenig stinkt wie Geld.

Wer mit Eigenlob spart, braucht gar nicht erst anzufangen!

Der Kernsatz »Eigenlob stinkt« wurde mit ziemlicher Sicherheit von Leuten erfunden, die ein starkes Interesse an der unbefriedigten Lobsucht ihrer Mitmenschen haben und deren Lobabhängigkeit ausnützen, um sie nach Herzenslust zu manipulieren. Ich meine, daß dazu nicht nur Arbeitgeber und andere Vorgesetzten gehören, sondern auch Ehemänner und Ehefrauen, Großeltern, Eltern, Lehrer und Erzieher.

Besonderes Eigenlob gebührt vor allem dem, der eine Leistung vollbracht hat, zu der er sich selbst angehalten und aufgeschwungen hat und von der niemand außer ihm selbst wissen kann.

Das ist einer der wesentlichen Punkte im Selbstbehauptungstraining, über das ich im vorhergegangenen Kapitel berichtet habe. Wer bei diesem Training mit Eigenlob spart, braucht gar nicht erst anzufangen!

Nehmen wir noch einmal Trixie, die versucht, ihrer Unsicherheit beim Einkaufen Herr zu werden.

Sie hat für die erste Trainingsstufe einen Schuhladen ausgewählt und dort gefragt, ob ein bestimmtes Paar Schuhe auch in einer anderen Farbe zu haben sei. Nach Erhalt der gewünschten Information hat sie sich nicht zum Kauf von Schuhen überreden lassen, sondern ist sofort aus dem Geschäft gegangen.

Auf der Straße atmet sie kräftig durch und sagt zu sich im Brustton der Überzeugung: »Das habe ich fein gemacht. Ich bin mit mir sehr zufrieden. Ich weiß, daß auch der nächste Schritt erfolgreich sein wird.«

Diese Formel wiederholt sie bei jeder einzelnen Trainingsstufe und ruft sie sich auch vor dem Einschlafen ins Gedächtnis.

Überhaupt soll sie jeden Abend in aller Ruhe den

ganzen Tag Revue passieren lassen und sich selbst loben für alles, was sie zustande gebracht hat. Auch die kleinen Glanzlichter des Tages, die ihr Freude gemacht haben, sollte sie sich ausdrücklich ins Gedächtnis rufen.

- Ich bin zufrieden mit mir, weil ich mich im Schuhgeschäft nicht zu einem Kauf hinreißen ließ. Ich bin sicher, daß mir der nächste Schritt auch gelingt.
- Ich habe ein »gut« auf die Lateinarbeit. Das habe ich gut gemacht. Ich bin zufrieden mit mir.
- Ich bin stolz auf mich, weil ich der Versuchung widerstanden habe, mein ganzes Taschengeld für teure Kosmetikartikel auszugeben.
- »Eine extragroße Portion Eis für das schöne Fräulein«, sagte der Mann im Eissalon. Das hat mich gefreut.

Eine Eselsbrücke

Ich habe lange genug ähnliche Probleme gehabt wie Trixie (oder Bert und wie sie alle heißen mögen), um nachfühlen zu können, daß man sich ausgesprochen albern vorkommt, wenn man sich ständig zum innerlichen Sich-selbst-auf-die-Schulter-Klopfen anhält.

Gut zu sich selbst sein ist angenehm

Aber glaubt mir, auch dies ist eine reine Übungssache. Ist einmal die erste Scheu überwunden – eine ziemlich unnötige Scheu, denn keiner kann ja mithören! –, wenn man also die Anfangshemmungen überwunden hat, macht es ausgesprochen Spaß und ist richtig angenehm, von Zeit zu Zeit gut zu sich selbst zu sein.

Natürlich wird Trixie (oder Bert oder wer immer) nicht pausenlos Grund zu Lobpreisungen haben. Natürlich wird hin und wieder etwas schiefgehen – am Anfang sogar ziemlich oft. Statt aber nun in das eingelernte Wehklagen auszubrechen (»Mein Gott, das sieht mir wieder ähnlich, nichts schaffe ich, nichts werde ich jemals zustande bringen ...«), muß man über eine Eselsbrücke marschieren.

Nehmen wir an, Trixie hat, laut Plan, zwei Stufen ihres Selbstbehauptungstrainings gut absolviert — beim dritten Schritt aber scheitert sie zunächst. Sie hat sich die Aufgabe gestellt, eine ganz bestimmte gestreifte Bluse zu kaufen, sich vorher aber eine einfarbige zeigen zu lassen. Ihr Pech, daß ihr eine Verkaufskanone nicht nur die gestreifte, sondern auch die einfarbige aufgeschwatzt hat.

Wenn Trixie aus dem Geschäft geht, muß sie sich hüten, in selbstquälerische Lamentos auszubrechen. Sie sagt sich vielmehr: »Mir sind schon zwei Schritte gelungen, und zwar ausgezeichnet. Auch den dritten werde ich, zum Teufel, schaffen.«

Ein wichtiger Tip für Schüchterne

Schüchterne, Gehemmte, Unsichere sollen sich gut einprägen: bei jedem Versagen müssen sie sich sofort die ganze Liste ihrer Erfolge (und seien sie noch so gering) ins Gedächtnis rufen. Jedes unangenehme Erlebnis wird in Gedanken mit einer angenehmen Erinnerung aufgewogen. (Meine Freundin war heute kratzbürstig mit mir — dafür aber hat mich Gerda spüren lassen, daß sie mich gern mag ...)

Selbstbelohnung

Unsere Welt ist eine materialistische, und nur zu häufig wirken handfeste Belohnungen anspornender (und daher besser verstärkend) als nette Lobesworte.

Wenn zum Beispiel mein Verleger sagt: »Den letzten Teil des Buches haben Sie gut hingekriegt, er gefällt mir besonders«, dann fühle ich mich zwar recht ermuntert — im Hintergrund jedoch denke ich: »Nun ja, schön und gut. Aber eigentlich könnte er jetzt mit dem nächsten Honorarvorschuß herausrücken.«

Wer also auf Eigenlob nicht genügend anspricht, versuche es einmal mit *Selbstbelohnung*.

Es gibt gewiß eine Reihe von Dingen, die man tun oder kaufen möchte, sie aber nicht tut oder nicht kauft, weil man fühlt, sie nicht wirklich verdient zu haben.

- Ich verzichte auf den Krimi im Fernsehen, weil ich mir eigentlich vorgenommen habe, noch fünf Seiten zu schreiben.
- Ich schiebe den Schaufensterbummel hinaus, weil ich endlich wieder einmal die alte, blinde Tante Pauline besuchen müßte.

Gehe ich die Sache umgekehrt an, dann wird sie schon viel attraktiver.

- Wenn ich heute fünf Seiten mehr schreibe als sonst, werde ich mir den Fernsehkrimi ansehen.
- Wenn ich morgen den Besuch bei Tante Pauline in mein Programm einschiebe, kann ich mir übermorgen guten Gewissens den Schaufensterbummel genehmigen.

Trixie – wiederum – kann sich vornehmen: »Wenn ich es heute zustande bringe, in einem Geschäft drei Röcke zu probieren, ohne mir einen andrehen zu lassen, kaufe ich mir das Parfüm, das ich schon so lange haben möchte.«

Kleine Freuden für die »Belohnungsliste«

Passende und wirksame Belohnungen lassen sich nicht aus dem Handgelenk schütteln. Es ist daher gut, sich eine ganze Belohnungsliste anzulegen – wobei auch nicht die ganz kleinen Freuden am Rande zu vergessen sind. Ein Eis außer der Zeit kann manchmal aufmunternder wirken als das schönste Jazzkonzert.

Beispiel: Wenn ich den inneren Schweinehund in mir besiegt und den ganzen Berg Wäsche gebügelt habe, der mir schon seit Tagen auf dem Gewissen lastet, leiste ich mir ein langes Bad mit dem sündteuren Schaum, den ich sonst nur bei besonderen Anlässen verwende.

Eine solche Liste wird bei jedem natürlich ganz anders aussehen. Vielleicht kann ich ein paar Anregungen geben, wenn ich meine persönliche »Belohnungsliste« notiere.

- Eine Tasse Mokka, zehn Haselnüsse. Ein Stück französischer Käse »zwischendurch«.
- Kreuzworträtsel lösen.
- Haydns Paukenmesse hören.
- Opernbesuch.
- Ins Thermalbad schwimmen gehen.
- Das ganze restliche Geld zusammenkratzen und einkaufen, wonach mir gerade der Sinn steht.
- Meine Freundin im fernen Erlangen anrufen.
- Nach Tisch eine halbe Stunde hinlegen.
- Extrabesuch beim Friseur oder Masseur.
- Im feinsten Lokal der Stadt zu Abend essen.
- An meinem »Lebenswerk«, eine Kreuzstichdecke, arbeiten.

Äußerste Vorsicht lasse ich meiner Linie wegen bei kulinarischen Belohnungen walten. Sie haben darum auch einen ziemlich hohen Stellenwert in der Belohnungsliste.

Auch habe ich das warnende Beispiel eines Kollegen vor Augen, der, lange ehe man hierzulande von Verhaltenspsychologie und Selbstbelohnung gehört hatte, bereits intuitiv nach dieser Methode vorgegangen war.

Dieser junge Mann nahm sich vor, ein berühmter Schriftsteller zu werden. Da er aber unter schweren Arbeitshemmungen litt, überwand er diese – mit Alkohol!

Jede Manuskriptseite »belohnte« er mit einem Glas Rotwein. Bis zu zehn Seiten brachte er an einem Tag hinter sich – und damit zehn Gläser Wein. Manchmal mogelte er und schob »aus Versehen« ein Glas dazwischen. Oder er legte in einem wahren Arbeits»rausch« zwanzig Seiten hin.

Mein Freund ist zwar letzten Endes doch ein bekannter Schriftsteller geworden — allerdings auf dem Umweg über ein halbes Dutzend Heilstätten für chronische Alkoholiker. Vor dieser Methode möchte ich darum aufs nachdrücklichste warnen!

Rasch wirkende Symbole

Zu empfehlen ist hingegen eine weitere Verfeinerung des Belohnungssystems, das vor allem bei schwachen Naturen (und wer ist nicht letzten Endes eine schwache Natur!) Erfolg verspricht.

Nur ungern wartet der Mensch auf eine versprochene Belohnung. Er möchte den Erfolg, sofort und auf der Stelle, zumindest symbolisch bestätig sehen.

Also bedient er sich augenfälliger, greifbarer »Symbole«, die die Wartezeit bis zur tatsächlichen Belohnung überbrücken helfen. Es können dies Spielchips sein, kleine Münzen oder bunte Karteikarten — das ist ganz egal.

Dann stellt man sich eine »Preisliste« zusammen. Größere Belohnungen kosten mehr, kleinere sind billiger zu haben.

Auf meiner persönlichen Belohnungsliste ist ein Extramokka schon um einen Chip zu haben, ein Opernbesuch will mit mindestens dreißig Chips »verdient« sein.

Das Abtragen eines Berges von Bügelwäsche bringt zwei Chips; wenn ich den ganzen Sonntag an der Schreibmaschine durcharbeite, obwohl draußen die Sonne lockt, darf ich mir zwanzig Chips (= Restaurantbesuch) gutschreiben.

Ich habe bereits von meiner ursprünglichen Scheu vor prominenten Gesprächspartnern berichtet, die meiner Journalistenkarriere natürlich äußerst hinderlich war. Als aus diesem Grund mein erstes großes Interview fast danebengegangen war, legte ich mir ein Sparschwein zu, das ich immer mit der Hälfte meines Artikelhonorars fütterte.

Besser als Gold: Chips und andere Symbole

Auch das war im Grunde schon eine erste instinktiv gezimmerte Vorstufe eines solchen Belohnungsschemas. Auf diese Weise bin ich zu meinem ersten »Pelz« (einer »Nerzjacke« aus echten Karnickelhaaren) gekommen.
Die Jacke besitze ich heute noch. Sie ist zwar mittlerweile ein wenig schäbig und glatzig geworden, aber ich würde mich um nichts in der Welt von ihr trennen.
Wann immer mich wieder einmal Zweifel an mir selbst befallen, hole ich die Jacke hervor und schlüpfe hinein. Es stört mich auch nicht, daß sie nicht mehr so recht paßt. Das wichtigste ist – sie hat nichts von ihrem Kraft und Mut spendenden Zauber eingebüßt.

5. Lernen lernen, Leistung loben

Die Hiobsbotschaft kam wie ein Blitz aus heiterem Himmel.
Ich unterzog mich einer Routineuntersuchung in der Universitätsklinik und war schon im Gehen, als mich der Professor noch einmal zu sich rief.
Praktisch ohne Einleitung sagte er: Er wisse, daß ich eine intelligente Frau sei, er wolle darum keine Umschweife machen und mit der Wahrheit nicht hinter den Berg halten. (So als ob ein intelligenter Mensch weniger verletzlich wäre als ein dummer!)
Der langen Rede kurzer Sinn: Es bestünde dringender Verdacht auf eine heimtückische Krankheit; ich müßte sofort, auf der Stelle, operiert werden.
Der Eingriff verlief ohne Komplikationen, der Verdacht war unbegründet. Aber der Schock saß mir noch lange in den Knochen. Fast sechs Wochen brauchte ich, bis ich mich einigermaßen erholt hatte – sechs verlorene Arbeitswochen.
Es war ausgerechnet die Arbeit an diesem Buch, die auf so dramatische Weise unterbrochen wurde. Und

da war doch ein Liefertermin für das Manuskript einzuhalten! Als ich auf den Kalender blickte und im Geiste die noch zu schreibenden Seiten überschlug, geriet ich in regelrechte Panik.
Aber nachdem ich mir eine Weile gut zugeredet und mir alles ins Gedächtnis gerufen hatte, was ich über Verhaltenspsychologie gelernt hatte, gab ich mir einen Ruck — und ließ mich zunächst einmal fallen.
Das heißt, ich entspannte mich. Ich desensibilisierte meine Angst vor dem gigantischen Pensum. Und dann begann ich es, ähnlich einer Angsthierarchie, in leicht überschaubare Einzelphasen zu zerlegen.
Ich nahm neuerlich den Kalender zur Hand und machte mir einen genauen Plan: soundso viele Seiten an jedem Tag, soundso viel Zeit fürs Korrigieren und Überarbeiten, so viele Tage für die Reinschrift.
In kleine Teile zerlegt, wirkte der babylonische Arbeitsturm nicht mehr so furchterregend, um so weniger, als ich die bevorstehenden harten Schaffenswochen bewußt unter ein bestimmtes Motto stellte, das ich mir immer wieder vorsagte.

Das Zauber motto: »Ich schaffe es!«

Ich vermied in meinen Gedanken peinlichst jede Wendung wie: »Ich *muß* fertig werden. Was passiert, wenn ich nicht rechtzeitig fertig werde?«, sondern sagte mir immer wieder vor: »Ich habe mir die Arbeit bestens eingeteilt. Ich werde es bestimmt schaffen.«
Jeden Abend, wenn ich eine Anzahl reingeschriebener Seiten in den Ordner geschoben hatte, klopfte ich mit Befriedigung darauf und sagte: »Bravo, das habe ich wieder gut gemacht.«
Wundert es jemanden, daß mir das Schreiben von Tag zu Tag besser von der Hand ging?

Pillen und Worte — nutzlos

Ich habe diese Geschichte so ausführlich berichtet, weil sie mir ein geradezu klassisches Beispiel dafür zu sein scheint, wie man auf intelligente Weise mit starkem Leistungsdruck fertig werden kann.

Leistungsdruck ist die große Geißel unserer Zeit, unter der, wie jedermann weiß, bereits ungezählte Schüler und Studenten zu leiden haben.

Viele Eltern, die ja auch ihrerseits unter Leistungsdruck und Erfolgszwang stehen, versuchen ihre Kinder durch Zureden, Schimpfen und Ermahnungen »anzufeuern«. »Geh endlich an die Arbeit.« — »Hast du nichts Besseres zu tun, als Platten zu hören?« — »Bummle nicht herum.« — »Du bist einfach stinkfaul, sonst bist du nichts.«

Einige glauben, besonders schlau zu sein, und füttern ihre Kinder mit aufputschenden Medikamenten (zum Lernen) und Beruhigungspillen (vor Prüfungen).

Pillen bringen keine Lernerfolge

Die wenigsten sind sich darüber im klaren, daß man bessere schulische und Studienerfolge weder durch gute noch durch böse Worte herbeizaubern kann; und daß ein gesunder Jugendlicher keinen Arzt und keinen Apotheker braucht, sondern jemanden, der ihm das Lernen beibringt, der ihm Mut und Selbstvertrauen gibt.

Wie man mit seinen Ängsten, mit seinen Hemmungen fertig wird, haben wir in den letzten Kapiteln ausführlich besprochen.

Aber weder Mut noch Selbstvertrauen allein können uns helfen, wenn es darum geht, Formeln und Vokabeln zu büffeln und die linken Nebenflüsse der Donau zu behalten.

Wer sein mühselig aufgebautes Selbstbewußtsein dazu mißbraucht, sich unvorbereitet an eine schwierige Prüfung zu wagen, wird früher oder später kläglich Schiffbruch erleiden. Es kann Monate, wenn nicht Jahre dauern, bis er sich wieder von einem solchen Schock erholt. Warum dann, bitte, nicht gleich jedes Risiko ausschalten und ordentlich büffeln? Und zwar systematisch.

Großer Bogen um die Schule: Was steckt dahinter?

»Ich kann es nicht, ich kann es wirklich nicht«, jammerte Gerry, als ich ihn zum vierten- oder fünftenmal beim Schuleschwänzen erwischte und ihn nach dem Grund fragte. Nicht daß ich mich dazu berufen gefühlt hätte, ihn zu ermahnen. Ich war nur einfach neugierig und wollte wissen, warum er nicht lernte und immer häufiger einen Bogen um die Schule machte.

»Das ist so«, erklärte er mir. »Ich kann nicht lernen. Ich konnte nie richtig lernen. Schon wenn ich mich an den Schreibtisch setze, kommt mich das Kotzen an. Weil ich nicht lernen kann, weiß ich nichts und kriege schlechte Noten. Also gehe ich erst gar nicht hin, wenn eine Prüfung angesetzt ist.«

Er kann nicht lernen – darum bekommt er schlechte Noten. Weil er schlechte Noten kriegt, freut ihn das Lernen nicht. Ein perfekter Teufelskreis.

Gerry muß also versuchen, ihn zu durchbrechen. In der Schule geht es nicht, weil für schlechte Leistungen nun einmal beim besten Willen keine brillanten Zensuren zu erwarten sind. Also müßte er daheim anfangen. Und zwar – beim Schreibtisch.

Die Qual des Lernens hat dort begonnen, und durch all die Jahre hat Gerry diese Pein sozusagen »mitgelernt«. Angst und Beklemmung überfallen ihn schon, sobald er sich hinsetzt, und hindern ihn an jedem klaren Gedanken.

Das ist so wie mit dem Kätzchen des Professors Wolpe, über das ich im zweiten Kapitel berichtet habe. Das Tier, das in einem Käfig einen Elektroschock erhält, fürchtet sich so, daß es nicht imstande ist, in diesem Käfig einen Bissen zu fressen.

Der Schüler, der an seinem Arbeitsplatz nichts anderes gelernt hat, als daß er nicht zu lernen imstande ist, wird sich auch nicht gerade mit Begeisterung an der Stätte seines dauernden Versagens niederlassen.

Was also tun?

Nun: Wie wäre es, den Käfig (will sagen: Arbeitsplatz) zu wechseln oder zumindest drastisch zu verändern? Bei mir hat eine solche Umstellung einmal Wunder gewirkt.

Tapetenwechsel kann Wunder wirken

Ehe ich beschloß, Journalistin zu werden, versuchte ich mich einige Semester auf der Kunstakademie. Mein erster Lehrer war ein antipädagogisches Scheusal. Er wollte mich zwingen, in einem Stil zu zeichnen und zu malen, der meinen innersten Wünschen diametral entgegengesetzt war.

Natürlich verlor ich alle Lust an der Kunst, und ebenso natürlich ließen meine Leistungen geradezu katastrophal nach. »Mit diesem nicht vorhandenen Talent werden Sie eines Tages noch von der Akademie fliegen«, prophezeite mir der Professor.

Ich war knapp daran, seine Prophezeiung selbst zu erfüllen und freiwillig das Feld zu räumen, da machte mr ein Kollege den Vorschlag, eine Weile bei ihm zu arbeiten. Er war ein älteres Semester, dazu noch ein Genie, und er genoß den Vorzug, ein Atelier für sich allein benützen zu dürfen.

Dort werkte ich in einer Ecke still vor mich hin, befreit, gelöst, angstfrei. Und siehe da – schon das erste Bild, das ich malte, wurde für die Ausstellung von Schülerarbeiten angenommen und prangte an prominenter Stelle. (Daß ich dann doch eine andere Laufbahn einschlug, hing mit ganz anderen Lebensumständen zusammen, die hier nichts zur Sache tun.)

Neuer Arbeitsplatz für Gerry

Gerry und ich begannen also, seinen Arbeitsplatz von Grund auf zu verändern. Wir schoben den Schreibtisch von einer Zimmerecke in die andere, verstärkten die Lichtquelle, arrangierten Schreibzeug, Lineale und so weiter völlig um und krönten das Werk durch eine neue, angenehm grüne Schreibplatte aus Plastik.

Ich machte Gerry darauf aufmerksam, daß nichts, aber auch gar nichts auf dem Schreibtisch etwas zu suchen hat, das nicht unmittelbar mit seiner Arbeit zu tun hat.
Gerry hatte nämlich die Angewohnheit, bevorzugte Bücher, Illustrierte, Fachzeitschriften sowie ein Radio samt Kassettenrecorder immer in Reichweite zu halten, so daß er kaum je der Versuchung widerstehen konnte, sich aufs angenehmste abzulenken. Keine Angst – Bücher, Zeitungen und Recorder haben natürlich noch immer ihre Funktion; nur eben etwas anders als bisher.
Wenn nun Gerry das Lernen wie bisher angeht, das heißt im Grunde genommen *nicht* angeht, dann ist auch der schönste neue Arbeitsplatz für die Katz'. Er wird binnen kurzem ebenso unangenehme Erinnerungen in Gerry wecken wie der alte, und die ganze Misere beginnt von vorn.

Konzentrationstraining

Gerry muß vor allem einmal lernen, sich richtig zu konzentrieren, und geht dabei nach einem verhaltenspsychologisch genau ausgetüftelten Plan vor.
Er nimmt sich Bücher aus verschiedenen Lerngebieten – welche, das bleibt seinem Ermessen überlassen – und notiert mit Hilfe einer Stoppuhr, wieviele Minuten er sich auf einen Stoff konzentrieren kann. Dieser Test ergibt Werte zwischen sechs und sechzehn Minuten.

6 Minuten genügen für den Anfang

Ganz klein muß man anfangen; also nehmen wir sechs Minuten als Ausgangsbasis für das Konzentrationstraining, für das wir noch ein weiteres mechanisches Hilfsmittel dringend benötigen: einen Kurzzeitwecker. Wir finden ihn in der Küche und nehmen ihn kurzerhand mit.
Gerry stellt den Wecker auf sechs Minuten ein, greift nach einem Buch – und siehe da, die Konzentration hält bis zum Läuten unvermindert an.

Ablenkung und Vergnügen – nach dem Lernen

Nach einer kurzen Pause (durchatmen, Beine vertreten) folgt ein weiterer Sechsminutenversuch; nach einer neuerlichen kurzen Pause ein dritter.

Als auch der gelungen ist, kann Gerry schon ein wenig stolz auf sich sein und eine längere Pause einschieben. Er »belohnt« sich mit einem Blick in »Petri Heil«, die Fachzeitschrift für sportgerechtes Angeln, dann hat er Kräfte genug für einen neuen Versuch.

Diesmal steht der Kurzzeitwecker auf sieben Minuten – und das Spiel beginnt von vorn.

Gerry hat rasch begriffen, worum es geht: eine bestimmte Zeit einstellen, konzentriertes Lernen, kurze Pause. Die gleiche Zeit markieren, kurze Pause, noch einmal die gleiche Zeit. Ist es dreimal hintereinander gelungen, bei der Sache zu bleiben – längere Pause. Dann eine Minute zulegen, später zwei.

Gelingt es nicht, die Konzentration dreimal hintereinander durchzuhalten, dann muß wieder eine Minute zurückgegangen werden.

Gerry soll das Konzentrationstraining einige Tage lang fortsetzen, bis er imstande ist, mindestens eine halbe Stunde lang zu arbeiten, ohne sich ablenken zu lassen.

Er muß jeden einzelnen Schritt auf einem Blatt Papier notieren, um nicht die Übersicht zu verlieren.

Außerdem ist die Tabelle beredtes Zeugnis für seine gute Leistung, seinen persönlichen Erfolg.

Es ist gar nichts dagegen einzuwenden, daß er sich kräftig belohnt, wenn er die Halbzeit seines Programms (sechzehn Minuten intensiven Lernens) ohne Schwierigkeiten absolviert hat. Er sieht sich ein Eishockeymatch im Fernsehen an, und er hat erstmals seit langem kein schlechtes Gewissen dabei – obwohl ihm seine Mutter Vorwürfe macht. Einerseits wegen des verschwundenen Weckers, andererseits überhaupt. (»Hast du nichts Besseres zu tun, als dieses blöde Match ...?«)

Gerrys Tabelle sieht so aus (+ bedeutet erfolgreiches Durchhalten; – sagt aus, daß Gerry die volle Zeitlänge nicht geschafft hat; / ist das Zeichen für eine kleinere, X das Symbol für eine längere Pause):

6 min +/+/+ X
7 min +/+/+ X
8 min –/+/+/+ X
9 min –/–/– X
8 min +/+/+ X
9 min +/+/+ X
10 min +/–/+/+/+ X
12 min +/+/+ X
14 min +/–/– +/+/+ X
16 min –/–/– X
15 min +/+/+ X
16 min +/+/+ X

Reparatur eines Siebgedächtnisses

Als ich Gerry das nächste Mal besuchte, erwartete mich eine Überraschung. Ich hatte versprochen, ihm einige Ratschläge zur Schulung seines Gedächtnisses zu geben – und ganz offensichtlich interessierte das Thema nicht nur ihn.

Eine schlaue Mutter lernt gleich mit

Ohne Vorwarnung konfrontierte mich mein junger Freund mit einer ganzen Meute aus seiner Klasse, Jungen und Mädchen. Und mittendrin Gerrys Mutter! Mit verlegenem Lächeln sagte sie: »Ich habe ein Gedächtnis wie ein Sieb. Ich dachte, es könnte nicht schaden, wenn ich ein bißchen zuhöre.«

Das freute mich aus zweierlei Gründen: erstens, weil die Mama die Zweckentfremdung ihres Küchenweckers anscheinend verziehen hatte; und zweitens, weil sie nicht mehr an unseren ungewöhnlichen Lernmethoden zu zweifeln schien.

Es kam mir natürlich etwas komisch vor, mich plötzlich in die Rolle einer Paukerin versetzt zu sehen. Aber wozu hätte man ein Selbstbehauptungstraining absolviert, wenn man sich durch eine solche Situation verwirren ließe?

Meine Schäfchen warteten wie brave Musterschüler, Notizblock und Kugelschreiber in der Hand, auf meine Anweisungen. Sie waren ziemlich erstaunt, als ich ihnen sagte, sie sollten das schulische Handwerkszeug wegpacken und statt dessen – eine Zeitung zur Hand nehmen.

Das Training beginnt mit Zeitungslektüre

Das Trainingsprogramm für Kurz- und Langzeitgedächtnis beginnt nämlich am besten mit einem einfachen, leicht faßlichen Text. Ein kurzer Zeitungsartikel ist dafür ideal geeignet. Das Training baut sich folgendermaßen auf.

1. Man sucht sich einen Bericht aus, von dem man annimmt, daß man sich die darin enthaltenen Fakten ohne große Anstrengung merken kann, und liest ihn konzentriert durch.

2. Die markanten Punkte des Artikels werden *sofort* niedergeschrieben. Zum Beispiel: Autounfall, Grenzübergang Kufstein. Österreichischer Lkw, deutscher Pkw mit vier Personen. Frontalzusammenstoß. Lkw-Lenker Oberhuber unverletzt, Pkw-Lenker Dorchholz aus Düsseldorf getötet. Beifahrerin Müller schwer verletzt ins Krankenhaus Kufstein. Übrige Insassen unverletzt.

3. Nachprüfen, ob wesentliche Punkte gemerkt wurden. Falls nicht: kürzeren Artikel mit weniger Einzelinformationen auswählen.

4. Zeitungsbericht und Notizen nochmals durchlesen.

5. Wieder markante Informationen notieren.

6. Neuerlich überprüfen.

7. Vorgang so lange wiederholen, bis alle wesentlichen Punkte gemerkt wurden.

8. Kurzzeitwecker auf zehn Minuten einstellen und etwas anderes tun (lesen, telefonieren, lernen).

9. Nach Ablauf der zehn Minuten aus dem Gedächtnis die wesentlichen Punkte des Zeitungsartikels niederschreiben.

10. Vergleichen mit dem Originalartikel. Ist der Versuch mißlungen, Intervall zurückschalten.

11. Hat der Test geklappt, nun den Wecker auf fünfzehn, später auf zwanzig, dreißig, fünfundvierzig Minuten einstellen. Wer sich bereits nach einer Stunde alle Punkte merkt, kann nun die Wiederholung in Tagesabschnitten versuchen. Zum Beispiel: morgens lesen, mittags wiederholen. Morgens beginnen, am nächsten Tag rekapitulieren.
12. Ab da wird der Umfang des zu lesenden und zu merkenden Stoffes jeweils um drei bis fünf Zeilen verlängert und nach Punkt 2 bis Punkt 11 des Programms durchgeackert, bis man sich alles merkt, wie lang der Artikel auch sein mag.

Großer Stoff – handlich zerlegt

Niemand wird natürlich von uns verlangen, eine ganze Zeitung (womöglich die Samstagausgabe, inklusive Inserate) fehlerfrei wiederzugeben. Leider aber werden wir immer wieder dazu angehalten, endlose Abhandlungen aus den verschiedensten Fachgebieten detailliert zu behalten, die uns noch weit weniger interessieren als ein alltäglicher Autounfall. Dementsprechend schwer wollen sie in unserem armen Hirn haftenbleiben.

Es sei denn, man ist ein Wunderkind, das sich auf Anhieb alles auswendig merkt. Aber solche Phänomene sind eher sehr selten.

Wunderkinder sind leider selten

Zur allgemeinen Erbauung möchte ich an dieser Stelle nicht versäumen, von einem leibhaftigen Wunderkind zu berichten, das unseren ganzen Bekanntenkreis seit Jahren in gebanntem Staunen hält.

Der Junge brachte sich schon mit knapp vier Jahren selbst das Lesen und Schreiben bei. Als er fünf war, erwischte ihn der Papa einmal bei der Lektüre des Telefonbuches.

Auf die Frage, was denn dies nun schon wieder zu bedeuten habe, antwortete das Kind: »Weißt du, Papa, ich finde es langweilig, die Telefonnummern immer nachzuschlagen. Es ist doch viel einfacher, sich alle Nummern auswendig zu merken.« Da war er bereits beim Buchstaben D – und er wußte nicht nur die Telefonnummern, sondern auch die dazugehörigen Adressen!

Im Gymnasium übersprang das Wunderkind glatt zwei Klassen. Mit sechzehn inskribierte er, dank einer Ausnahmebestimmung, an der Universität, mit dreiundzwanzig war er bereits doppelter Doktor (Physik und Jura) – selbstverständlich »summa cum laude«.

Noch heute braucht unser Genie eine Buchseite nur oberflächlich zu lesen – schon kann er den Text total auswendig. Solche Fähigkeiten erwirbt man bedauerlicherweise nicht durch noch so fleißiges Trainieren: die sind schlicht und einfach angeboren.

So geht man an große Lernstoffe heran

Was sich jedoch erlernen läßt: die fachgerechte Aufbereitung eines umfangreichen Stoffes, so daß ihn auch Normalverbraucher verdauen können. Und zwar so:

1. Überblick über den gesamten Stoff gewinnen – durch aufmerksames Durchblättern des Buches, Heftes oder Skripts.
2. Aus dem Gedächtnis die Überschriften der einzelnen Kapitel oder Abschnitte aufschreiben – zumindest ein treffendes Stichwort.
3. Titel (Stichworte) mit dem Text vergleichen. Stimmt der Sinn? Stimmt die Zahl der Kapitel (Abschnitte)?
4. Erstes Kapitel oder ersten Abschnitt genau lesen.
5. Zu diesem Teilstück Fragen zusammenstellen.
6. Nachsehen, ob die Fragen wirklich passen und ob sie den gesamten Stoff erfassen.
7. Fragen schriftlich in Stichworten beantworten.
8. Eine andere Person bitten, Fragen zu stellen; schriftlich oder mündlich beantworten.
9. Antworten an Hand des Lehrbuches überprüfen.
10. Punkt 4 bis Punkt 9 mit jedem Kapitel oder Abschnitt des Lehrstoffs wiederholen.

11. Punkt 4 bis Punkt 9 für den gesamten Stoff – nicht mehr in Kapitel unterteilt.

Der Stundenplantrick

Das Rekapitulieren eines großen Lernstoffes unmittelbar vor einer Prüfung ist ein hartes Stück Arbeit, und nur zu oft fühlt sich mancher total überfordert.
Es ist eine seit Jahrhunderten in den Wind gesprochene Binsenweisheit, daß es besser wäre, neuen Stoff jeden Tag gleich mitzulernen; doch leider ist in diesem Fall zumeist nicht nur das Fleisch schwach, sondern auch der Geist kein bißchen willig.
Vielleicht kann es gelingen, den Geist mit dem Stundenplantrick zu überlisten, der das Lernen zwar nicht erspart, aber doch wesentlich erleichtert.
Der Trick besteht darin, daß nicht kaum Verstandenes hinterher lustlos wiedergekäut wird, sondern daß vielmehr vorausgearbeitet wird. Ein angenehmer Vorsprung im ewigen Konkurrenzkampf der Schule ist ziemlich sicher.

Ein besonderer Tip: Vorauslernen!

Vorerst wird ein Raster mit zwölf Spalten gezeichnet.

	Mo		Di		Mi		Do		Fr		Sa/So
Ng	✓	D	✓	Ph	✓	Ma	✓	Ma	✓	T	
Mu		Gesch	✓	Ch	✓	D	✓	Rel	✓	Ng	✓
T		Z		Gg	✓	L	✓	Phil	✓	Ph	✓
Gg	✓	Z		L	✓	T		Gesch	✓	L	✓
E	✓	Ma	✓	D	✓	E	✓	D	✓	E	✓
Stundenplan Dienstag		Stundenplan Mittwoch		Stundenplan Donnerstag		Stundenplan Freitag		Stundenplan Samstag		Stundenplan Montag	

In eine Spalte wird jeweils der Stundenplan des folgenden Tages eingetragen. Die zweite bleibt zunächst leer.

Nicht nur dem Hirn tut eine Pause gut

Täglich wird nun der Stoff, der vermutlich am folgenden Tag drankommt, im Lehrbuch vorausgelesen – und zwar in jedem einzelnen Gegenstand. Es muß selbstverständlich *nicht* gelernt, sondern lediglich konzentriert gelesen werden. Ist das erledigt, wird der betreffende Gegenstand in der leeren Spalte abgehakt.

Ehe man zum nächsten Gegenstand übergeht, soll eine kleine Pause eingelegt werden, in der man sich etwas Gutes tut (Platte hören, Kaffee trinken). Wir wissen es: nicht nur dem Hirn tut die Pause gut, sondern auch der Arbeitslust, wenn wir uns für Selbstdisziplin und heldenhafte Überwindung belohnen.

Der Stundenplantrick soll in den täglichen Arbeitsrhythmus eingebaut, er soll zur Selbstverständlichkeit werden. Er kostet zwar ein wenig Mehrarbeit, bietet aber, auf die Dauer gesehen, gewaltige Zeitersparnis.

Das Mitdenken, das Mitlernen in der Schule fällt leichter, wenn man beim Vortrag des Lehrers nicht wie der Ochs vorm neuen Tor steht. Unklarheiten können auf der Stelle durch Fragen ausgeräumt werden.

Beim späteren Lernen ist der Stoff vertraut, er wirkt nicht mehr so fremd und bedrohlich. Das Lernen wird, wenn schon nicht zum Vergnügen, so doch nicht mehr zur nervenzermürbenden Qual.

PS: Wer nicht gewillt ist, täglich stur Buch zu führen, braucht gar nicht erst anzufangen. Ohne ständige Kontrolle verliert man leicht die Übersicht, damit die Lust und beginnt, wie eh und je, die Lernlast vor sich her zu schieben.

6. Leitners Lernkartei

In Mestre ist es passiert, der ersten Zwischenstation auf einer längeren Italienreise. Dort kaufte ich

Zahnpasta. Und mein Mann hat den ersten Anstoß zu einer Erfindung erhalten, auf die ich sehr stolz bin. Er übrigens auch.
Als ich entdeckte, daß ich die Zahnpasta zu Hause vergessen hatte, erbot sich mein Mann, das betreffende Wort im Wörterbuch nachzuschlagen. Ich sagte, das sei nicht notwendig, ich wüßte mir schon zu helfen. Er glaubte mir nicht und begleitete mich in die Parfümerie (Profumeria).
Stolz erhobenen Hauptes marschierte ich hinein und verlangte ohne Stocken: »Una Colgate, per favore.« (Eine Colgate, bitte — die einzige Marke, die mir auf Anhieb einfiel und die sich auch etwas italienisch anhörte.) Sofort bekam ich das Gewünschte: eine Zahnpasta.
Das sei feig, maulte mein Mann nachher. Immer würde ich mit so faulen Tricks arbeiten, statt eine Sprache ordentlich zu lernen. »Besser ein fauler Trick, als ganz und gar mundtot sein — so wie zum Beispiel du«, stichelte ich zurück.

Eine Idee wird geboren

Das hat ihn fürchterlich geärgert. Er machte sein »Warte-du-wirst-schon-sehen«-Gesicht und erklärte mit finsterer Entschlossenheit, er ließe sich das nicht noch einmal sagen. Im nächsten Sommer würde er — wetten? — perfekt Italienisch können.
Am Abend saßen wir wieder friedlich versöhnt bei einer Flasche Valpolicella, und er erklärte mir seinen Plan. »Das ist doch ganz einfach. Man braucht nur ein ganz klein wenig Selbstdisziplin dafür. Ich lerne dreißig Vokabeln im Tag. Du glaubst doch, daß ich fähig bin, täglich dreißig Worte zu lernen . . . ?«
Ich bestätigte eilig, daß ich ihn dazu durchaus für imstande hielt.
»Na eben. Dreißig pro Tag, das macht in dreißig Tagen neunhundert. In hundert Tagen kann ich dreitausend, und damit komme ich bereits blendend überall durch. Wenn ich aber weiter dranbleibe, kann ich in einem Jahr — Moment . . .« Er zog eine Füllfeder heraus und begann auf einer Serviette eif-

rig zu rechnen. »Dann sind es nach einem Jahr zehntausendneunhundertfünfzig Wörter. Mehr brauche ich nicht einmal für Dantes ›Göttliche Komödie‹.«
Die Ferien über schlugen wir uns noch mit meiner faulen Methode des Mit-Händen-und-Füßen-Redens durch.
Aber kaum daheim angekommen, erstand mein Mann ein riesiges Wörterbuch sowie ein Grammatiklehrbuch und ein umfangreiches Verzeichnis italienischer Redensarten. Wenn schon, denn schon – Gründlichkeit ist seine Stärke. Und die hat letzten Endes auch zum Erfolg geführt – allerdings über einige Umwege.
Mein Mann stürzte sich mit wahrem Feuereifer in sein gewaltiges Vorhaben. Nur: die Lust erlahmte schon nach wenigen Tagen.

Vier Fünftel werden vergessen

Vergessen ist leider leichter als merken

Denn: dreißig Vokabeln im Tag lernen, das ist eine Sache. Dreißig Vokabeln auch sicher behalten – das ist eine ganz andere Angelegenheit.
Schon vor fast hundert Jahren hat der deutsche Psychologe Hermann Ebbinghaus nach einer Reihe von komplizierten Versuchen nachgewiesen, was wir alle aus eigener, bitterer Erfahrung wissen: daß einmal Gelerntes – selbst wenn man es sich noch so gründlich und gewissenhaft eingeprägt hat – nur zu einem Fünftel auf Dauer gemerkt wird.
Auf deutsch: von dreißig Vokabeln bleiben nur sechs für immer hängen – der große Rest verflüchtigt sich im Laufe der Zeit.
Allerdings: nichts von dem, was wir einmal gelernt haben, geht wirklich verloren. Es ist sozusagen für ewige Zeit in unserem Hirn eingekerbt. Nur ist das kostbare Wissen so tief vergraben, von allen möglichen Dingen zugeschüttet, daß wir meist nicht in dem Moment daran herankommen, in dem wir es dringend brauchen.

Ich zum Beispiel habe mit neunzehn Jahren ein Universitätsdiplom für Französisch erworben. Mein Beruf brachte es später aber mit sich, daß ich als Fremdsprache ausschließlich Englisch benötigte und gebrauchte, so daß meine Französischkenntnisse immer mehr einrosteten. (Mein Fehler. Natürlich hätte ich wenigstens hin und wieder ein französisches Buch lesen sollen.) Im Traum allerdings konnte ich immer noch parlieren wie einst.

Als wir einmal nach Frankreich reisten, habe ich mich in den ersten Tagen entsetzlich blamiert. Erst nach und nach tauchten Bruchstücke meines verschütteten Wissens wieder auf, schlossen sich allmählich Erinnerungslücken. Ich schätze, daß ich ungefähr zwei der »verlorenen« vier Fünftel in der Praxis wiedergefunden habe.

Was, zum Teufel, merkt man sich?

Die große Frage, die noch immer niemand beantworten kann, ist: *Welches* Fünftel merkt man sich?

Wenn man das wüßte, wäre die Sache sehr einfach und bequem: man sortiert aus, was man garantiert für immer behält, und macht sich an das nächste Fünftel heran, um es zu lernen, bis auch das sicher sitzt.

Da die sofort gemerkten Vokabeln (Formeln, Jahreszahlen und so weiter) aber keinerlei sichtbare Kennzeichen tragen, bleibt nichts anderes übrig, als den gesamten Lernstoff so lange durchzukauen und zu wiederholen, bis alle fünf Fünftel nicht nur eisern festhängen, sondern auch jederzeit abrufbereit sind.

Langweiliges Wiederkäuen

Wer also täglich dreißig Vokabeln lernt, kommt nicht darum herum, auch stets das zu rekapitulieren, was er bereits studiert hat.

Er lernt am ersten Tag dreißig Wörter, am nächsten Tag muß er dreißig wiederholen und dreißig neue lernen. Nach zehn Tagen sind es zweihundertsiebzig,

und nach hundert Tagen ist der Berg bereits auf achthundertsiebzig angewachsen.
Das kann natürlich kein Mensch durchhalten. So wurden im Laufe der Jahre und Jahrhunderte allerlei Methoden ersonnen, um das leidige Wiederholen, das unumgänglich notwendig ist, auf ein Mindestmaß einzuschränken.
Die gängigste Methode, die fast jedem Schüler geläufig und von Herzen verhaßt ist:
Man geht nach einer Woche die letzten zehn, nach vier Wochen die letzten vierzig Seiten eines Vokabelheftes durch; und alle drei Monate sämtliche bis dahin vollgeschriebenen Hefte.
Wörter, die nicht wie aus der Pistole geschossen kommen, müssen im letzten Heft neuerlich eingetragen und von vorn gelernt werden.

Die Wiederkäu-Methode ist sehr frustrierend

Diese Methode, unter der schon Generationen von Schülern gestöhnt haben, hat eine Reihe von schweren Nachteilen:

- Sie erfordert ein Höchstmaß an Disziplin. Wer nur eine der vorgeschriebenen Wiederholungen ausläßt, kommt unweigerlich ins Schleudern.
- Sie ist langweilig und ermüdend, weil der gesamte Stoff, auch der gekonnte, wiedergekäut werden muß.
- Die Wörter werden in einer ganz bestimmten, unveränderlichen Reihenfolge gelernt und bleiben auch in dieser monotonen Abfolge im Gedächtnis haften. Wehe, sie werden aus dem mitgelernten Zusammenhang gerissen — dann sind sie plötzlich verschwunden, in nichts aufgelöst. Kaum ein Lehrer glaubt dem armen Schüler, der beteuert: »Aber gestern, zu Hause, hab' ich's doch so gut gekonnt . . .«

Kaum Kosten, wenig Mühe

Es war nicht Mitleid mit den armen Schülern, sondern Mitleid mit sich selbst, was meinen Mann veranlaßte, über Sinn und Unsinn des Lernens nach-

zudenken, als er sein Vokabelheft zähneknirschend zum x-ten Male durchackerte.
Ich weiß nicht, ob ihn ein zündender Funke gestreift hat oder ob es ein Ergebnis langer Grübelei war (wahrscheinlich beides zusammen): jedenfalls setzte er sich eines Tages hin und konstruierte seine erste »Lernkartei« – aus einem Stück Pappkarton und einigen Blättern Papier. Kostenpunkt: fast nichts plus eine Stunde Arbeitszeit.

Die Lernkartei kann jeder basteln

Aus dem Karton bastelte er ein Kästchen, dreißig Zentimeter lang, elf Zentimeter breit, fünf Zentimeter hoch und darin fünf Fächer. Das erste Fach war einen Zentimeter tief, das zweite zwei, das dritte fünf, das vierte acht, das fünfte vierzehn Zentimeter.
Es muß nicht einmal geklebt werden. Die Seitenwände sind leicht mit Hilfe einer Heftmaschine zu klammern. (Ich habe, das kann ich beschwören, zwei linke Hände. Dennoch ist es mir auf Anhieb gelungen, eine solche Kartei zu bauen.)
Aus DIN-A4-Blättern, also normalem Schreibmaschinenpapier (womöglich eines von der festeren Sorte), schnitt mein Italienischstudent kleine Kärtchen, und zwar acht aus einem Blatt. Diese Karten waren dann 7,4 mal 10,5 Zentimeter groß und paßten genau in den Karteikasten.

So wird's gemacht

Schließlich schrieb mein Mann auf die Vorderseite der Kärtchen die deutschen, auf die Rückseite die italienischen Wörter, die er lernen wollte. Als dreißig Kärtchen fertig waren, steckte er sie in Fach Nummer 1 und begann zu arbeiten.
Er nahm ein Kärtchen heraus, betrachtete das deutsche Wort. Fiel ihm das italienische nicht in ein, zwei Sekunden ein, drehte er die Karte um, sah nach und steckte sie wieder zurück in Fach Nummer 1, und zwar an die hintere Wand.

War ihm die Vokabel sofort geläufig, kontrollierte er, ob sie stimmte, beförderte die Karte in Fach Nummer 2 – und konnte sie fürs erste vergessen.

Als Fach Nummer 1 durchgenommen war – es dauerte nicht länger als ein paar Minuten –, befanden sich bereits die Hälfte der Karten in Fach 2. Er hatte sie sich schon beim Abschreiben gemerkt.

Der Rest wurde so lange bearbeitet, bis sich siebenundzwanzig Karten in Fach 2 befanden. Drei besonders hartnäckige Versager blieben über Nacht in Fach Nummer 1.

Am nächsten Tag wurden dreißig neue Vokabeln geschrieben und auf die gleiche Weise gelernt: die gemerkten in Fach 2, die nichtgemerkten in Fach 1.

Nach vier Tagen war Fach 2 voll und wurde nun aus seinem Dornröschenschlaf befreit. Die Vokabeln, die noch immer »saßen«, verschwanden in Fach 3, die paar, die sich verflüchtigt hatten, wanderten zurück in Fach 1, wo sie die Chance erhielten, neuerlich durchgenommen zu werden – und zwar wieder nach demselben Prinzip: das gekonnte Wort ging in Fach 2, das nichtgekonnte blieb in Fach 1.

Als die Drängelei in Fach 3 zu groß wurde, nahm sich mein Mann auch dieses vor. Vokabeln, die er noch immer wußte, wurden in Fach 4 zur vorläufigen Ruhe gebettet. Diejenigen, die er vergessen hatte, wurden wieder in Fach 1 gesteckt.

Mit Fach 4 wurde später in der gleichen Weise verfahren: Vokabeln, die er wußte, wurden in Fach 5 verfrachtet, der Rest ging in Fach 1 zurück.

Nach kurzer Zeit »sitzt« der Lernstoff

Es brauchte ein paar Wochen, bis schließlich das fünfte Fach zum Bersten voll war. Dann wurde auch dieses in Angriff genommen. Siehe da: die meisten Vokabeln waren noch immer auf Anhieb abrufbereit und konnten nun endgültig aus dem Lernprozeß ausgeschieden werden. Nur ganz wenige mußten den Weg zurück in Fach 1 antreten und den Marsch durch die gesamte Lernkartei wiederholen.

Hober Lustgewinn

Bestechende Vorteile dieser simplen Methode: das endlose ermüdende und entmutigende Wiederlernen von bereits durchgenommenem und gekonntem Material fällt weg. Aufs neue gelernt wird tatsächlich nur, was nicht behalten wurde. Auf diese Weise wird das Lernen wesentlich rascher bewältigt als früher. Ungefähr die Hälfte der Zeit bleibt übrig – Zeit, die angenehmeren Dingen als dem Büffeln von Vokabeln gewidmet werden kann.

Lernen wird plötzlich zum Lustgewinn

Und noch ein lernpsychologisch wichtiger Faktor darf nicht übersehen werden: die Belohnung für braves Lernen folgt jeder gekonnten Vokabel unmittelbar und sichtbar auf den Fuß, indem sie in ein höheres Fach aufsteigt. So erstaunlich es klingt: Lernen wird auf einmal zum Lustgewinn.

Leitners Lust am Lernen war jedenfalls so enorm, daß er bei einem täglichen Studium von maximal fünfzehn Minuten nach einem Jahr ziemlich perfekt Italienisch sprach.

Ich weiß nicht, ob er das Traumziel von zehntausendneunhundertfünfzig Vokabeln und Redewendungen erreicht hat, und er hat auch nicht versucht, die »Göttliche Komödie« zu lesen. Den »Corriere della Sera« immerhin hat er schon im nächsten Sommer ohne Schwierigkeiten verstanden.

Im darauffolgenden Jahr paukte er nach derselben Methode stenografische Kürzel. Er nimmt es heute mit jeder geübten Sekretärin auf.

Die Lernkartei ist auch das Kernstück eines Buches, das mein Mann zu Nutz und Frommen aller Lernwilligen (besonders aber der Lernunwilligen) geschrieben hat. Es hat, der Leserpost nach zu schließen, schon vielen jungen Leuten über die Hürden von Schule und Studium geholfen.

Leitners Lernkartei hat sich bewährt beim Studium von Vokabeln, Formeln und Daten. Ganz Schlaue schlachten sogar ganze Lehrbücher (von Jura bis Philosophie, von Autofahren bis Grammatik), um sie in die Kartei zu füttern.

Eine Wiener Gymnasiallehrerin stellte ihren Schülerinnen anheim, die Lernkartei zu benützen oder nicht. Nach Ablauf eines einzigen Jahres hatten die Mädchen, die die Lernkartei regelmäßig benützten, ihre Englischnoten um ein bis zwei Grade verbessert.

Der erfreulichste Bericht kam aus der Schweiz. Dort hat eine Hilfsschullehrerin mit der Lernkartei experiment und ihren Schützlingen die Grundbegriffe des Lesens, Schreibens und Rechnens doppelt so rasch beigebracht als sonst. Selbst bei hoffnungslosen Fällen blieb einiges hängen.

Neuer Mut für »Faule« und »Unfähige«

Sollte dies nicht vielen Schülern, die als faul und unfähig abqualifiziert werden, neuen Mut und Hoffnung geben?

Unfähigkeit und Faulheit sind nämlich relative Begriffe. Meist stecken weder angeborene Dummheit noch charakterliche Schwäche dahinter, sondern pure Unkenntnis des Know-how, also des Wissens um die praktische Durchführbarkeit. Man bringt uns in der Schule alles mögliche Nötige und Nützliche bei — nur: wie man systematisch lernen lernt, das verrät man uns nicht.

III. Miteinander leben

1. Noch einmal – mit Gefühl!

Irgendwann zwischen meinem vierzehnten und fünfzehnten Lebensjahr wurde ich anfallsweise von tiefer Melancholie ergriffen. Die Welt schien mir düster, das Dasein nicht lebenswert und die Zukunft trostlos.

Peinlicherweise erfolgten diese depressiven Attacken vornehmlich unmittelbar nach dem Aufstehen, so daß ich mit bleicher Leichenbittermiene beim Frühstück erschien. Ich vergaß nicht nur, guten Morgen zu wünschen, sondern reagierte überhaupt nicht auf meine Umwelt.

Obwohl ich, genaugenommen, durch mein Verhalten niemanden belästigte, begegnete mir die Familie mit Zorn und Abscheu. Die Standpauken gipfelten regelmäßig in einem mütterlichen Monolog über die Undankbarkeit der heutigen Jugend im allgemeinen und mein liebloses Benehmen im besonderen.

Müssen junge Menschen immer fröhlich sein?

Auch versäumte sie nie zu bemerken, daß es die Pflicht eines Kindes sei, seinen lieben Eltern stets mit fröhlichem Gesicht gegenüberzutreten. Dies könne doch weiß Gott nicht schwerfallen, denn ein junger Mensch habe allen Anlaß, dem Leben freudig ins Auge zu blicken. Schon gar, wenn es ihm so gut ginge wie mir.

Es folgte eine Aufzählung der mir erwiesenen Wohltaten bis zurück in meine fernsten Kindertage. An diesem Punkt erlitt ich meistens einen Schrei- oder Weinkrampf, stellte mit dramatischer Gebärde fest, daß niemand in diesem Haus mich verstehe, und raste davon. (Hinterher tat es mir dann oft leid. Nicht wegen der Szene – sondern weil ich ohne

Frühstück weggerannt war und mir den ganzen Vormittag über der Magen knurrte.)

Es folgten in den nächsten Tagen: endlose Verstimmungen; dumpfe Wut auf die Eltern, eine Wut, deren ich mich im nächsten Augenblick wieder schämte: ein Kind hat seine Eltern zu lieben und zu achten.

Und schließlich Krachs von monströsem Ausmaß, in deren Verlauf wir uns die gräßlichsten Dinge an den Kopf warfen. Dabei hatten wir einander im Grunde genommen ziemlich gern ...

Krachs — obwohl man einander gern hat

Unterdrückte Gefühle

Familiendramen dieser Art sind auch heute noch landauf, landab an der Tagesordnung. Die Diskussionen drehen sich stundenlang im Kreise, und zum Schluß ist nur eines gewiß: man hat aneinander vorbeiargumentiert, keiner hat den anderen begriffen. So als ob jeder in einer anderen Sprache geredet hätte.

Tiefere Ursache: keiner sagt, was er wirklich empfindet, weil es in unseren Breiten ungeschriebenes Gesetz ist, Gefühle möglichst zu verbergen.

Schon die Eltern haben es nicht anders gelernt, und sie erziehen die Kinder nach dem gleichen verhängnisvollen Muster.

- Man weint nicht, wenn man Schmerz und Kummer verspürt — schon gar nicht ein Junge.
- Man hat sich zu beherrschen, wenn man sich ärgert.
- Es ist kindisch, sich überschwenglich zu freuen.
- Und überhaupt — man spricht in gar keinem Fall über seine Gefühle.

Also werden Gefühle unterdrückt. Aber wie es dann stets mit Unterdrückten geschieht: eines Tages beginnen sie zu revoltieren, machen sich selbständig und auf fatale Weise bemerkbar.

Vielleicht gelingt es noch, den Mund zu halten. Aber

der Körper, die ganze unbewußte Mimik und Gestik signalisieren das zurückgedrängte Gefühl.

»Du machst schon wieder einmal dein verbocktes Mördergesicht«, pflegte meine Mutter zu sagen. Ich weiß es noch, ich sehe mich noch, wie ich vor ihr stand: den Kopf mit einem Ruck zurückgeworfen, Augen verkniffen, Kinnladen trotzig zusammengebissen, Arme verkrampft angewinkelt – und dann hinausgestürzt, mit lautem Türenknallen.

»Unvernünftige« Gefühle

Da uns von Anfang an verboten wurde, unserem Ärger angemessenen Ausdruck zu verleihen, haben wir uns gar nicht die Mühe gemacht, ihn näher zu erforschen. Wir wissen nicht, daß Ärger das letzte Glied in einer Kette verschiedener Gefühle sein kann. Zum Beispiel:

- Ich wache morgens auf und bin depressiv.
- Ich bin traurig, daß meine Eltern mich nicht in Ruhe lassen.
- Sie machen mir auch noch Vorwürfe und zählen alle Wohltaten auf, wodurch in mir ein Gefühl der Unterlegenheit entsteht.
- Ich mag mich nicht unterlegen fühlen und gerate darüber in Wut.

Eigene Gefühle ohne Wertung betrachten!

Das wichtigste ist, zunächst die Tatsache zur Kenntnis zu nehmen, daß man Gefühle hat. Ob gute, ob schlechte – sie sind ein untrennbarer Teil von uns. Wir haben keinen Anlaß, stolz auf sie zu sein, ebensowenig, wie wir uns ihrer zu schämen brauchen. Nur wenn wir sie ohne Wertung betrachten und uns zu ihnen bekennen, sind wir in der Lage, uns mit ihnen auseinanderzusetzen.

Auch müssen wir uns damit abfinden, daß Gefühle alles andere als »vernünftig« sind. Es kann sogar vorkommen, daß wir – was die meisten außerordentlich verwirrt – völlig widersprüchliche Empfindungen zu gleicher Zeit haben können: Ich liebe meine Eltern und bin ihnen dankbar, daß sie gut zu mir sind. Ich hasse meine Eltern, weil sie mich wie ein kleines Kind behandeln.

»Jeder von uns hat die Tendenz zu glauben, daß wir für unsere Gefühle verantwortlich sind. Nichts ist weiter von der Wahrheit entfernt. Wir fühlen so, wie wir fühlen, und niemand hat das Recht, uns für unsere Gefühle zur Verantwortung zu ziehen. Wir sind nur verantwortlich für das, was wir auf Grund unserer Gefühle tun.« So hat es einmal der berühmte amerikanische Psychiater und Sexualforscher William Masters formuliert — und mit einem Satz den Nagel auf den Kopf getroffen.

- Ich brauche mich nicht zu schämen, daß ich meine Mutter im Augenblick gerade unausstehlich finde und ihr am liebsten ins Gesicht fahren möchte.
- *Aber:* ich werde ihr weder ins Gesicht fahren noch etwas sagen, was sie schwer verletzen könnte. Ich werde vielmehr versuchen, mit mir selbst ins reine zu kommen und die Ursachen für meine augenblickliche Gefühlslage herauszufinden.

Nichts ist unwichtig

Gefühle stürzen normalerweise nicht wie ein Blitz aus heiterem Himmel auf uns hernieder. Sie haben vielmehr sehr reale Ursachen — und die gilt es herauszufinden. Wichtig ist, daß kein Problem bagatellisiert wird.

Wir sind nicht jemand anders!

Oft halten wir ein Problem für unwichtig, weil es für andere Menschen nicht wichtig scheint. Aber in uns ruft es bestimmte Gefühle hervor — also ist es für uns von großer Bedeutung. Wir sind nicht jemand anders, wir sind wir selbst. Nichts, was uns betrifft und bewegt, ist unwichtig.

Ich besaß aus meiner Kinderzeit eine aus Stoffresten zusammengeflickte Puppe, die ich heiß und innig liebte. Im Laufe der Jahre war sie schmutzig, unansehnlich geworden und halb zerrissen. Meine Mut-

ter warf sie eines Tages in den Müll. Ich war todunglücklich, so als wäre mir ein lieber Mensch gestorben. Tagelang weinte ich und konnte mich nicht beruhigen.
Meine Mutter war wütend auf mich und schimpfte, es sei kindisch, wegen so eines Fetzens ein solches Geschrei zu machen. Es gäbe größeres Unglück auf der Welt als den Verlust einer lächerlichen Puppe, und ich sollte mich schämen.
Für mich war der Verlust der Puppe im Augenblick die schrecklichste Katastrophe. Allerdings wagte ich es mir nach diesem Donnerwetter nicht einzugestehen. Ich schämte mich meiner Gefühle – dafür aber haßte ich meine Mutter und wäre am liebsten auf und davon gelaufen.
Hätte ich es gewagt, mich wenigstens vor mir selbst zu meinem Empfinden zu bekennen, ich hätte den Vorwurf besser überwunden. Vielleicht wäre es mir sogar gelungen, meine Mutter umzustimmen ...

Davonrennen nützt nichts

So geht's den meisten jungen Menschen

Als ich mit der Arbeit zu diesem Buch begann, habe ich mit vielen jungen Menschen gesprochen. Ich begegnete kaum einem, der nicht einmal im Laufe der kritischen Jahre zwischen Pubertät und Erwachsenwerden mit dem Gedanken gespielt hätte, einfach alles hinzuwerfen und Reißaus zu nehmen.
»Warum?« fragte ich den sechzehnjährigen Florian.
Er sah mich entgeistert an. »Warum? Einfach weil ich es nicht mehr aushalte. Alles ist schrecklich. Das tägliche Einerlei. Das Gemeckere. Die Abhängigkeit. Das ewige ›was *man* tut und was *man* nicht tut‹. Sie verstehen nichts. Ich bin nicht *man*, ich bin ich. Sie sagen, sie machen sich Sorgen um mich. Vielleicht. Aber sie tun es in einer Art, die ich nicht ausstehen kann.«
Florian war, wie so viele seiner Altersgenossen, ent-

täuscht, verunsichert, wütend, traurig und sehr einsam im Elternhaus, ohne sich das richtig einzugestehen. Aber er kann nach Norden oder Süden, nach Osten oder Westen rennen, er wird sich weiter enttäuscht, verunsichert, traurig und einsam fühlen. Denn es ist noch keinem Menschen gelungen, vor sich selbst davonzulaufen.

Klärende Selbstgespräche

Florian sollte ein wenig über sich nachdenken und festzustellen versuchen, was ihn freut und was ihn ärgert, um dann — so schwer es ihm auf Grund seiner Erziehung fallen mag — klar und deutlich vor sich hin zu sagen: »Es freut mich, es ärgert mich, ich fühle mich bedrückt, es macht mich wütend . . .« Natürlich fängt er nicht bei der verwickelten, unübersichtlichen Situation im Elternhaus an, sondern läßt sich die nebensächlichen Ereignisse des Tages durch den Kopf gehen. So wird er am leichtesten eine Beziehung zu seinen ureigensten Gefühlen bekommen.

- Es hat mich geärgert, daß mir die Hauswartin das Wasser vor die Füße geschüttet hat.
- Es hat mich gefreut, das Mädchen aus dem Nebenhaus auf dem Schulweg zu treffen.
- Ich war verletzt, als mich der Naturgeschichtslehrer vor der ganzen Klasse blamierte.
- Ich fühlte mich hilflos, als ich die Reckübung im Turnunterricht nicht geschafft habe.
- Ich war sehr glücklich, als mich unser Klassenlehrer um Rat fragte.
- Ich war wütend, als sich der dicke Mann am Postschalter in die Reihe vordrängte.
- Ich fühlte mich sehr einsam, als ich allein daheim war, während meine Kameraden zum Schwimmen fuhren, ohne mich zum Mitkommen aufgefordert zu haben.

Sobald Florian ein gewisses Gespür für Anlaß und

Stärke seiner Empfindungen bekommen hat, mag er sich auch an die häusliche Szene wagen. Und er wird plötzlich merken, daß gar nicht »alles so entsetzlich« ist, sondern daß ihm nur gewisse Verhaltensweisen irritieren und ärgern. Etwa, daß die Eltern

- stumm wie die Fische vor dem Fernseher sitzen und gedankenlos in die Röhre glotzen;
- ihm über den Mund fahren, wenn er sich an einer Debatte bei Tisch beteiligen möchte;
- ihm vorschreiben, wie und wann er seine Arbeiten zu erledigen hat;
- Anstoß an seiner augenblicklichen Fußballeidenschaft nehmen.

Also schön: all das geht Florian gewaltig auf die Nerven. Jedoch – weiß er genau, *was* er eigentlich von den Eltern erwartet? Es bedarf weiteren scharfen Nachdenkens, ehe sich herauskristallisiert, welche konkreten Wünsche hinter der zweifelhaften Formulierung »alles ist entsetzlich« stehen.

- Ich wünsche, daß meine Eltern am Abend öfter mit mir reden. Immer? Nein, es genügt mir eigentlich ab und zu.
- Ich möchte nicht als kleines Kind, sondern als gleichberechtigter Partner behandelt werden.
- Meine Eltern sollen mir einen gewissen Spielraum geben, die Probleme auf meine Weise zu lösen.
- Ich würde es gern sehen, daß sie Verständnis für meine altersbedingten Interessen aufbringen.

Ich möchte nicht als Kind behandelt werden

Es ist gut, daß Florian nun endlich weiß, was er tatsächlich will. Wie er es anstellt, den Eltern sein Anliegen schmackhaft zu machen, darüber werden wir uns später noch ausführlich unterhalten.

Auch Eltern sind Menschen

Zunächst sollten wir uns aber die Gegenseite, die Eltern nämlich, näher betrachten und versuchen, ihnen ein wenig Aufmerksamkeit zu widmen.
Wenn es den Fräulein Töchtern und Herren Söhnen

gelingt, sich gelegentlich von ihrer selbstversunkenen Nabelbeschau loszureißen, werden sie die überraschende Feststellung machen, daß auch die Eltern ganz normale, sehr verletzliche Menschen sind. Menschen mit Problemen, die von denen der Kinder gar nicht so verschieden sind, wie diese annehmen.

Auch Väter und Mütter haben es nie gelernt, sich mit ihren wahren Gefühlen auseinanderzusetzen. Auch sie empfinden meist nur undeutliches Mißbehagen, Wut und Ärger — und werden aggressiv, weil sie es sich nicht gestatten, zu ihren Gefühlen zu stehen.

Wie Eltern hinter der Fassade aussehen

Hinter der Fassade von Selbstsicherheit, Überlegenheit, Gleichgültigkeit, Großmannssucht, bissiger Ironie und Besserwisserei stehen keine bösen, keine schlechten, sondern im Grunde ängstliche, unsichere Menschen.

Für die meisten Eltern ist es ungeheuer schwer, ihre mühsam angelernte Elternrolle (die Kinder behüten, bevormunden, erziehen) zu ändern.

Sie merken zwar am äußerlichen Erscheinungsbild, daß die Kinder eigentlich keine Kinder mehr sind; deren Entwicklung zur erwachsenen, selbständigen Persönlichkeit wollen oder können sie aber nicht recht wahrhaben. Sie werden von verschwommenen Ängsten und Sorgen geplagt.

- Sie ängstigen sich, wenn die Tochter spätabends nach Hause kommt, weil sie wissen, daß die Straßen leer und vielleicht unsicher sind.
- Sie befürchten, daß der Sohn mit Schule und Studium nicht zurechtkommt, wenn er nach durchbummelten Nächten unausgeschlafen ist.
- Sie sind verunsichert, weil sie sich nicht vorstellen können, was und warum es die Tochter (den Sohn) so lange bei ihren Freunden hält.
- Sie sind traurig, daß ihr Kind ihnen entgleitet, sich ihnen entfremdet.
- Sie kommen sich alt und überflüssig vor, weil die Jungen sie plötzlich nicht mehr brauchen.

Daß sie mit ihren Ratschlägen, Geboten, Verboten die Entfremdung geradezu provozieren, kommt ihnen überhaupt nicht in den Sinn.
Die stereotyp verwendete Phrase: »Wir meinen es ja nur gut mit dir . . .«, die junge Menschen zur Weißglut treibt, ist echt und ehrlich gemeint. Eben weil es die Eltern wirklich und von Herzen gut meinen und weil sie nicht fähig sind, ihre wahren Gefühle zu artikulieren, machen sie all diese schrecklichen Fehler.

Gefühlsanalyse

Hinzu kommt noch, daß die Eltern nicht nur Probleme mit ihren Kindern haben, sondern jede Menge Probleme mit sich selbst. Auch da entsteht ein beklemmender Gefühlsstau, der manchmal urplötzlich gegen den nächstbesten, Nächstschwächeren losbricht.
»Kannst du nicht aufpassen!« – »Gib endlich Ruhe.« – »Zur Strafe: Ausgehverbot.« – »Mußt du denn immer stören?« – »Halt den Mund!« – »Jetzt habe ich keine Zeit.« – »Deine Sorgen möchte ich haben.«
Man könnte die Schimpfliste mit kalter Wut zur Kenntnis nehmen. Man könnte sie aber auch auf ihre Gefühlswerte interpretieren.

»Kannst du nicht aufpassen?« = Er (sie) ist sehr erschrocken.
»Gib endlich Ruhe« = Er (sie) ist sehr abgespannt, nervös.
»Zur Strafe Ausgehverbot« = Er (sie) ist enttäuscht.
»Mußt du immer stören?« = Er (sie) ist gereizt, belastet. Arbeitsprobleme? Nicht ganz gesund? Kummer mit dem Partner?
»Halt den Mund!« = Er (sie) ist wütend.

»Jetzt habe ich keine Zeit« = Er (sie) ist in Zeitdruck, ungeduldig, fühlt sich überfordert.

»Deine Sorgen möchte ich haben« = Er (sie) hat Sorgen, die ihm (ihr) im Augenblick wichtiger sind, und fühlt sich vermutlich sehr allein damit.

»Du bist gut«, sagte Cynthia, die mich ins Vertrauen gezogen hatte, nachdem sie mit ihrem »Alten« überhaupt nicht mehr zurechtgekommen war.
Sie betrachtete kopfschüttelnd die Liste und erklärte: »Kommt doch überhaupt nicht in Frage, daß ich mir den Kopf über die Probleme meiner Alten zerbreche. Wieso denn ich? Sie haben mich in die Welt gesetzt, sollen sie sehen, wie sie mit *mir* zurechtkommen.«

Einer muß beginnen

Ich versuchte Cynthia klarzumachen, daß das Verhältnis Eltern – Kinder keine Einbahn ist; daß sie nun erwachsen und vernünftig genug sein müßte, auch ihren Teil zur Verständigung beizutragen.
Wenn sie meint, daß die Eltern nicht fähig sind, sie zu verstehen, dann muß sie eben die Sache von der anderen Seite anpacken: von ihrer Seite. Einer muß beginnen, zumindest den Versuch zu machen, den anderen zu begreifen. Warum sollte der Impuls dazu nicht ausnahmsweise einmal von den Kindern ausgehen?
»Unmöglich«, meinte Cynthia. »Meine Alten sind dermaßen abscheulich und unmöglich, da wüßte ich gar nicht, wo ich anfangen sollte.«
»Sensibilisieren«, sagte ich.

»Was – was soll ich denn nun schon wieder desensibilisieren?« wollte Cynthia wissen.
»Nein«, erklärte ich, »ausnahmsweise sollst du einmal nicht etwas desensibilisieren, sondern du sollst die Beziehung zu deinen Eltern *sensibilisieren.* Du sollst versuchen, dich gefühlsmäßig für deine Eltern aufzuschließen.«
Wenn man manchen Jugendlichen Glauben schenken will, dann sind deren Eltern eine Bande mieser, abstoßender, gefühlloser Monster.
Forscht man ein wenig tiefer, dann stellt sich heraus, daß sie das früher eigentlich gar nicht waren; daß das Verhältnis zu ihnen in der frühen Kindheit überwiegend gut und herzlich war.
Nur in letzter Zeit, da gab und gibt es Spannungen, Reibereien, Diskussionen, die sich ständig verschärfen und aufschaukeln. Die Kinder werden erwachsen und tun sich schwer damit. Und auch für die Eltern ist es eine harte Zeit der Prüfung.

Die »Alten« haben auch nette Seiten

Sieht man aber genau hin und ist man noch nicht ganz blind vor Haß und Wut, dann stellt sich heraus, daß diese gräßlichen »Alten« hin und wieder auch ihre angenehmen Seiten haben. Man muß sie nur zur Kenntnis nehmen und sich ins Bewußtsein rufen.
Am besten, man schreibt täglich mindestens drei Lichtblicke im elterlichen Verhalten auf und memoriert sie möglichst oft. Aus Gründen der Fairneß – und wer möchte nicht als fair gelten? – wird man dann wohl oder übel zugeben müssen: sooo gräßlich sind sie eigentlich gar nicht, wie man immer annahm.
Erster Tag: Mutter hat mir beim Frühstück zugelächelt und mir zu Mittag meinen Lieblingspudding gekocht. Vater hat mir im Vorbeigehen auf die Schulter geklopft.

Wer fair ist, sieht die Eltern anders

Zweiter Tag: Vater hat mir ein Paket Schreibmaschinenpapier mitgebracht. Mutter hat mein unordentliches Bett großzügig übersehen und mir sämtliche baumelnde Knöpfe an der Jacke angenäht.

Dritter Tag: Vater hat mich gelobt, weil ich mich in Mathe verbessert habe, und keine Bemerkung über die wirklich scheußliche Schrift gemacht. Mutter hat mich gefragt, ob ich müde sei.

Vierter Tag: Mutter hat wortlos das Essen nochmals gewärmt, als ich verspätet nach Hause kam; mich lange Zeit telefonieren lassen, obwohl sie selbst dringende Gespräche zu führen hatte. Vater hat meiner Erzählung interessiert zugehört.

Selbstverständlich? Ist es wirklich selbstverständlich, daß Eltern sich so verhalten? Aber nein, nichts ist selbstverständlich.

Ehrlich: Sind die Kinder besser?

Kinder regen sich (mit Recht) darüber auf, wenn Eltern ihr Wohlverhalten als »selbstverständlich« kommentarlos zur Kenntnis nehmen.

Aber machen sie es denn viel besser? Könnten sie nicht mit gutem Beispiel vorangehen und ihren Eltern gelegentlich einmal sagen, was an ihnen liebenswert ist?

Ein gutes Wort kann Wunder wirken. Ein Wort der Anerkennung ist der erste Schritt auf dem schwierigen Weg, seinen Gefühlen Ausdruck zu verleihen.

2. Loben und loben lassen

In unserem Nebenhaus wohnt eine alte Frau, Musterbeispiel einer Menschenfeindin. Vor allem auf die Kinder hat sie es abgesehen, denen sie — mit oder ohne Anlaß — »Mistpack, elendes!« nachkeift. Die lieben Kleinen revanchieren sich prompt mit: »Blöde alte Hexe!«

Einzige Ausnahme: unser Junior, Sebastian Benjamin, sieben Jahre alt. Der versäumt keine Gelegenheit, der Nachbarin einen Höflichkeitsbesuch abzustatten. Wenn er einige Minuten mit ihr plaudert, bringt ihm das regelmäßig eine Tafel Schokolade oder ein ausgewählt schönes Stück Obst ein.

Eine »alte Hexe« lernt um

»Sie haben ein besonders reizendes, wohlerzogenes Kind«, sagt die »alte Hexe«, wenn sie mich auf der Straße trifft.

»Ich weiß nicht, was die alle haben. Die Alte ist doch furchtbar lieb«, erklärt Sebastian Benjamin, wenn er von seinen Besuchen im »Hexenhaus« zurückkehrt.

Diese seltsame Freundschaft zwischen der Hexe und dem Kind ist noch ziemlich jung. Sie begann vor wenigen Wochen, als der Junge mit seinen Freunden im Garten Fußball spielte. Plötzlich landete das Leder mitten im Tulpenbeet auf dem Nachbargrundstück.

Sprachlos vor Wut schleuderte die »alte Hexe« den Ball zurück.

Einem spontanen Einfall folgend, kletterte Sebastian Benjamin auf das Trennmäuerchen und sagte: »Das war lieb von dir, daß du den Ball zurückgegeben hast. Und nicht ein bißchen geschimpft hast du sogar. Das mit den Tulpen tut mir schrecklich leid. Darf ich dir ein paar von unseren geben?«

Die Alte starrte das Kind verblüfft an. Dann brummte sie: »Komm rüber.« Er folgte — und bekam seine erste Tafel Schokolade.

Ein elementares Bedürfnis

Was da völlig unbewußt und zufällig zwischen einem kleinen Kind und einer Greisin in Gang gesetzt wurde, ist ein geradezu klassischer Lern- und Veränderungsprozeß.

Eines der elementarsten Bedürfnisse des Menschen ist der Wunsch nach Anerkennung seiner Persönlichkeit. Lob — ich sagte es schon mehrmals — brauchen wir wie die Luft zum Atmen. Lob, Zuwendung gehören zu den besten »positiven Verstärkern«, die wir kennen.

Wir haben es am Anfang dieses Buches besprochen: ein Verhalten, das unmittelbar nach seinem Auftreten zunächst regelmäßig, später zumindest in gewissen Abständen belohnt wird, tritt immer häufiger auf. Ein Verhalten, das man nicht beachtet, nicht belohnt oder das man gar bestraft, wird mit der Zeit gelöscht.

Gib einer Ratte einen Happen Fressen, jedesmal, nachdem sie auf eine bestimmte Taste gedrückt hat — und sie wird immer wieder die Taste betätigen.

Belohne bestimmtes Verhalten eines Menschen mit regelmäßiger Zustimmung — und du kannst sicher sein, daß sich dieses Verhalten häufen wird. So einfach ist das.

Ein Kind bedankt sich bei einer grilligen alten Frau — und siehe da, sie reagiert gerührt und freundlich. Sie wiederum belohnt das nette Benehmen des Kindes mit Süßigkeiten. Natürlich ist das Kind interessiert, diese Freundschaft zu pflegen.

Jeder braucht individuelle Wertschätzung

Ich glaube, Zeichen individueller Wertschätzung werden heute mehr gebraucht denn je zuvor. Je anonymer die Gesellschaft, je ermüdender die tägliche Routine, desto versessener ist der einzelne auf das kleinste Zeichen, das ihm anzeigt: Ich bin nicht nur ein Teil der großen Masse, ich bin ich, und darum mag man mich.

Der Philosoph Martin Buber hat das ein wenig komplizierter, aber sehr einleuchtend schon vor zwanzig Jahren formuliert: »Die Grundlage menschlichen Zusammenlebens ist eine zweifache und doch eine einzige — der Wunsch jedes Menschen, von den anderen bestätigt zu werden — und die angeborene Fähigkeit des Menschen, seine Mitmenschen in dieser Weise zu bestätigen. Daß diese Fähigkeit so weitgehend brachliegt, macht die wahre Schwäche — der menschlichen Rasse aus.«

Man muß sich das einmal vor Augen halten: *jeder*

Mensch ist empfänglich für echte Anerkennung (nicht für plumpe Schmeicheleien — auf die fallen nur die Dümmsten herein). Und jeder von uns hat es dadurch in der Hand, den anderen ein wenig zu »erziehen«, indem er das Verhalten des anderen, das ihm angenehm ist, durch Lob und Zuwendung »verstärkt«.

Eine Klasse ändert den Lehrer

Welch ungeheure Perspektiven, gerade für junge Menschen, die den Erwachsenen im allgemeinen ziemlich hilflos gegenüberstehen, weil alle Macht auf der Gegenseite ist!

»Sanfte Gewalt«: die Waffe junger Leute

Wenn die Jungen aber erst einmal begriffen haben, wieviel sanfte Gewalt ihnen gegeben ist, dann könnte es ihnen doch tatsächlich gelingen, die Welt ein wenig zu verändern. Und zwar zum Besseren.
Eine Schulklasse hat es zum Beispiel in der Hand, das Verhalten eines Lehrers zu beeinflussen, vorausgesetzt, daß alle zusammenhalten und keiner aus der Reihe tanzt.
Die Jungen und Mädchen müssen sich nur einmal zusammensetzen und ausknobeln, welche positiven Seiten des Lehrers sie mögen. Nein — bitte keine Einsprüche! Jeder Mensch hat seine Lichtseiten, man muß sie nur entdecken wollen.
Vor der Unterrichtsstunde wird ausgemacht, welches Verhalten, welche Aussprüche des Lehrers von allen zu bekräftigen sind (damit sie sich wiederholen) und welche ignoriert werden (damit sie mit der Zeit verschwinden).
Bekräftigen (loben) heißt in diesem Fall: ein freundliches Gesicht machen, zustimmend nicken, besonders aktiv mitarbeiten.
Ignorieren bedeutet: am Lehrer vorbeiblicken oder lediglich einen neutralen Gesichtsausdruck zeigen. (Nicht schwätzen! Der Lehrer soll keine Gelegenheit bekommen zu ermahnen.)

Nehmen wir einen Lehrer, der die ganze Klasse durch seinen trockenen Unterricht anödet. Sicher hat er einmal einen guten Tag und gestaltet den Vortrag um eine Spur lebendiger: da muß man ihm zeigen, daß man Gefallen daran findet, und ihm, wie die Psychologen sagen, »Feed-back« (Rückmeldung) geben durch interessiertes Zuhören und intensive Mitarbeit.

Am Ende der Stunde geht der Klassensprecher zu dem Lehrer und sagt: »Heute war der Unterricht besonders interessant. Das hat uns allen sehr gefallen.«

Setzt man die »Tricks« des Bekräftigens und Ignorierens gezielt ein, kann jeder Lehrer, ohne daß es ihm überhaupt bewußt wird, zumindest teilweise zu dem Verhalten gebracht werden, das der Klasse gefällt.

Der langweilige, trockene Lehrer wird bestimmt versuchen, die nächste Stunde wieder ein wenig spannender zu gestalten. Denn keinem, auch nicht dem Bärbeißigsten und scheinbar Kältesten, ist es im Grunde seines Herzens gleichgültig, wie die Klasse über ihn denkt.

Einem forschen Lehrer, der sich der Klasse anbiedert und durch gekünstelte Kameraderie deren Wohlwollen erschleichen will, begegnen die Schüler kühl und reserviert, sobald er seine unsympathischen Verbrüderungsversuche macht.

Die ganze Klasse wacht plötzlich auf

Aber bei jedem Ansatz zum fachlich orientierten Gespräch oder zu normaler, unverkrampfter Haltung wacht die Klasse plötzlich auf, arbeitet konzentriert mit. Jeder einzelne zeigt ein freundliches Gesicht.

Das geht natürlich alles nicht von heute auf morgen, und die richtige Handhabung des Feed-back erfordert einige Übung und Konzentration. Doch der Einsatz lohnt. Früher oder später wird doch eine Verhaltensänderung des Lehrers erreicht.

Zugegeben: es gibt Lehrer, die haben dermaßen

große Kontaktmängel oder akute persönliche Sorgen, daß sie einfach nicht imstande sind, normal zu reagieren. Aber die dürften doch die Ausnahmen sein. In der Regel verhalten sich Lehrer wie alle anderen Menschen auch: äußerst empfänglich für jede Art von positiver Verstärkung.

Wie man Sympathie erwirbt

»Lehrer sind nicht mein Problem. Ich wäre schon froh, wenn ich bei meinen Schulkameraden etwas erreichen könnte«, klagte Anna, die an sich schon nicht sehr kontaktfreudig ist. Seit sie mit den Eltern in einen anderen Stadtteil übersiedelt ist, fristet sie in ihrer neuen Schule das triste Dasein einer Außenseiterin.

Ein scheues Mädchen gewinnt Freunde

Auch für Anna heißt das Rezept: Zustimmung, Aufmerksamkeit für die anderen — und das in ganz kleinen, leichten Schritten.

1. Durch nonverbale (nichtsprachliche) Äußerungen zeigen, daß sie Anteil an den anderen nimmt und sich für sie interessiert: gespannt zuhören, deutlich zustimmendes Kopfnicken, freundliches Lächeln.
2. Hin und wieder ein »Mhm« oder »Ja, ja« von sich geben.
3. Ein kurzer Satz: »Das ist richtig, das finde ich auch.«
4. Fragen stellen: »Wo hast du diese Jacke gekauft?« — »Ist dir die Geometrieaufgabe auch so schwergefallen?«
5. Jetzt gilt es, zur rechten Zeit ein kleines Kompliment anzubringen. Dies setzt voraus, daß Anna den Blick für die angenehmen Seiten der Klassenkameraden schärft und sofort reagiert, wenn ihr etwas Derartiges auffällt.

Anna wird sich hüten, Allerweltsschmeicheleien von sich zu geben wie: »Du bist phantastisch, großartig ...« Sie wird sich vielmehr konkret äußern. Der Gesprächspartner soll sich in seiner speziellen

Persönlichkeit und Verhaltensweise bestätigt sehen. Er wird darauf mit Freundlichkeit, Sympathie und später mit Freundschaft reagieren. Denn: nur den nehmen wir zum Freund, durch den wir uns anerkannt fühlen.

Anna könnte zum Beispiel sagen: »Ich bin baff, wie hoch du springen kannst ...« Oder: »Die neue Bluse steht dir. Du hast einen ziemlich guten Geschmack.« Aber auch: »Es freut mich, daß du meinen neuen Schal bemerkt hast.«

Passende Phrasen lernen

Wer die Kunst des Verstärkens durch Lob und Anerkennung perfekt beherrscht, wird auch imstande sein, Lob und Anerkennung, die ihm selbst zuteil werden, entsprechend aufzunehmen.

Wenn jemand Anna etwas Nettes sagt, und sie spricht darauf entweder gar nicht an oder reagiert ablehnend (»Ach, der hübsche Rock ist eigentlich ein uralter Fetzen« oder: »Das ist nicht notwendig, nicht der Rede wert«), dann wird bald das Interesse an diesem anscheinend so spröden, abweisenden Mädchen erlahmen.

Da es in unserem Raum noch ziemlich ungewöhlich ist, mit Lob und Anerkennung zu »arbeiten«, empfiehlt es sich, daheim ein paar passende Redewendungen zu üben. Auch die ungezwungene Antwort auf freundliche Worte will gelernt sein.

Ich äußere Zustimmung	*Ich werde gelobt*
Das gefällt mir an dir ...	Es freut mich, daß du das sagst.
Du siehst heute prächtig aus.	Danke, da fühle ich mich gleich noch einmal so gut.

Ich freue mich, daß du da bist.	Wie ich mich erst freue.
Nett, daß du anrufst.	Es war mir auch ein Bedürfnis.
Das schmeckt herrlich.	Danke für das Lob. Es tut mir wohl.
Deine Wohnung ist aber hübsch.	Fein, daß sie dir gefällt.
Ich mag dein Lächeln.	Wie schön, das zu hören.
Lieb, daß du mir so hilfst.	Danke. Ich tue es gern.
Das war ein herrlicher Einfall.	Danke. Ich bin auch ein bißchen stolz darauf.
Dieses Kleid ist todschick.	Nicht wahr? Es ist auch mein Lieblingskleid.

Auch kleine Komplimente akzeptieren!

Hauptsächlich wird geschimpft

Der größte Fehler, den wir alle begehen, ist, daß wir alles, was uns angenehm ist, was uns das Leben erleichtert, als selbstverständlich hinnehmen. So als ob wir ein verbrieftes, ein unverbrüchliches Recht darauf hätten.
Nur wenn etwas nicht klappt, wie es unserer Meinung nach klappen sollte, regen wir uns auf und schimpfen.
Wenn uns der Schaffner im Zug eine korrekte, freundliche Auskunft erteilt — das ist doch selbstverständlich! Und es wird kein Wort darüber verloren. Wehe aber, er ist muffig und abweisend — dann geht das Schimpfen los.
Wenn sich der Schüler in der Klasse ruhig verhält und mitarbeitet: selbstverständlich, nicht der Rede

wert. Erst wenn er laut und ungezogen ist, dann gibt es womöglich gleich eine extra Strafarbeit.

Der Mann, der spätabends müde nach Hause kommt und dann ohne Widerrede den Wasserhahn repariert, darf kaum auf ein nettes Wort hoffen. Vorwürfe sind ihm allerdings gewiß, wenn er sagt, er habe heute weder Zeit noch Lust für häusliche Verrichtungen.

Warum beachtet man nur schlimme Kinder?

Das Kind, das selbstvergessen in der Ecke spielt — es wird nicht beachtet; denn »selbstverständlich« ist es brav. Die Mutter fährt jedoch sofort mit bösen Worten dazwischen, wenn der Sprößling beginnt, Unfug zu stiften.

Wenn Leser auf meine Artikel in der Zeitung reagieren, dann oft nur deshalb, weil ihnen etwas nicht paßt. Hintenherum und auf direktes Befragen erfahre ich dann, daß dieser oder jener Beitrag überwiegend positiv aufgenommen wurde. Nur — geschrieben hat es mir niemand. Ist doch selbstverständlich, daß man mit den Ergüssen des Redakteurs einer Meinung ist. Würde man sie denn sonst überhaupt lesen?

Als ich einmal einen alten Mann halb tot in der Gosse liegend fand, kümmerte ich mich sofort um ihn (selbstverständlich!) und verständigte die Rettung. Ich habe nicht einmal ein »Dankeschön« von seinen Angehörigen vernommen. Aber hätte ich ihn einfach liegen lassen, und man hätte es mir nachgewiesen: das Geschrei darüber wäre gewiß nicht ausgeblieben.

Ich wundere mich wirklich, daß es noch immer so viele freundliche, hilfsbereite Menschen gibt, da sie doch kaum je Anerkennung erfahren. Beim nächsten oder übernächsten Mal werden sie sich sehr überlegen, ob sie überhaupt noch freundlich und hilfsbereit sein sollen.

Ich wundere mich nicht, daß in so vielen Familien Gleichgültigkeit und sogar Feindseligkeit herrschen, da doch jeder nur mit einer griesgrämigen Miene

herumläuft und den anderen nur dann zur Kenntnis nimmt, sobald er sich über ihn ärgert.
Es ist — leider — nicht selbstverständlich, daß Eltern ihre Kinder lieber loben, als sie ermahnen und bestrafen. Sie haben es nicht anders gelernt, die Ärmsten, und machen sich das Leben unnötig schwer — ohne es zu wissen.

Lobliste für Eltern

Warum, bitte schön, sollten nicht auch hier einmal die Kinder den Anfang machen? Erstens, um den Eltern ein gutes Beispiel zu geben. Und zweitens, um sich das Zusammenleben zu erleichtern.
Vater und Mutter müßten schon absolut gefühlskalte Psychopathen sein, sollten sie nicht normal und menschlich auf kindliche Zuwendung reagieren — um schließlich langsam mit gleicher Münze zurückzuzahlen. Freundlichkeit gegen Freundlichkeit. Anerkennung gegen Anerkennung. Vertrauen gegen Vertrauen.
Zugegeben, es kostet einige Mühe und Aufmerksamkeit, überhaupt zu bemerken, was nett und angenehm an den Eltern ist. Man hat es doch bisher als »selbstverständlich« glatt übersehen. Aber wenn man aufpaßt und einigermaßen guten Willens ist, ergeben sich doch einige Gelegenheiten, ein Wort der Anerkennung fallenzulassen. Das merkwürdige ist, daß auch hier Übung den Meister macht. Im Laufe der Zeit ergeben sich immer mehr Anlässe!

- »Danke, Mutter, daß du mir so schöne Frühstücksbrote gerichtet hast.«
- »Vater, es war nett, daß du mir so aufmerksam zugehört hast.«
- »Mutter, der neue Lippenstift steht dir großartig.«
- »Du bist ein vorzüglicher Autofahrer, Vater.«
- »Danke, daß du mir die Vokabeln abgehört hast. Das hat mir sehr geholfen.«

Auch Eltern mögen gute Zensuren

● »Eigentlich bin ich froh, daß ihr aufgeblieben seid. Ich hatte große Lust, mich noch ein bißchen mit euch zu unterhalten.«

● »Danke, daß du mich hast ungestört arbeiten lassen. Ich bin dadurch ein großes Stück weitergekommen.«

Komisch – wenn ich durchlese, was ich soeben geschrieben habe, kommt es mir etwas fremd und gespreizt vor. Es mag wohl daran liegen, daß wir nicht die geringste Übung in der Hervorbringung genau formulierter Anerkennung, Zustimmung und Freundlichkeit haben. Ein gestammeltes »Danke«, »du bist Spitze«, »ja, ganz nett« – ist das höchste der Gefühle, das wir uns abzuringen vermögen. Denn merke: wir sind die reinsten Gefühlskrüppel (nochmals nachzulesen im vorangegangenen Kapitel).

Im Bösesein sind wir leider sehr perfekt

Hingegen sind wir perfekte Meister im gleichgültigen bis wütenden Schweigen sowie in der Hervorbringung von feindseligen Äußerungen: »Laß mich, das verstehst du doch nicht.« – »Misch dich nicht ein.« – »Was ist das denn schon. Darauf brauchst du dir bei Gott nichts einzubilden. Das kann doch jeder.« Dies und noch viel mehr geht uns fließend über die Lippen – nicht nur wegen der prägnanten Kürze.

Geschäfte mit der Mutter

»Das klingt alles einleuchtend«, gab Wilfried zu, als ich ihm den Mechanismus des Anerkennungssystems erläuterte. »Aber ich kann mir nicht vorstellen, daß es richtig hinhaut in seiner Einseitigkeit. Meine Eltern haben mich nie gelobt. Sie werden höchstens verwundert sein, wenn ich plötzlich damit anfange. Und bestimmt geht es mir schließlich auf die Nerven, wenn nur immer ich der gebende Teil sein soll.«

Ich räumte ein, daß er eine Menge Geduld aufbringen müßte — der Erfolg sei jedoch, das versprach ich ihm ernsthaft, unausbleiblich. Denn: in dem Augenblick, da wir unser Verhalten der Umwelt gegenüber verändern, setzt wie das Amen im Gebet auch ein langsamer Veränderungsprozeß der Umwelt ein.

»Nehmen wir einmal das Gegenbeispiel«, sagte ich. »Stell dir vor, du wärest nicht der fleißige, ziemlich willige Sohn, der du ja im großen und ganzen bist. Stell dir vor, du würdest plötzlich aufhören zu lernen, dir die Nächte um die Ohren schlagen und womöglich noch irgendwelche radikalen Ansichten entwickeln.«

Wilfried grinste: »Da wäre postwendend der Teufel los. Ich habe das bei einigen Freunden miterlebt.«

»Eben«, sagte ich. »Warum solltest du nicht durch angewandte Verhaltenspsychologie deine Eltern positiv beeinflussen können, wenn es dir doch möglich ist, sie ganz stark negativ aufzuladen?«

Wilfried zuckte die Achseln. »Ich fürchte, das dauert mir zu lange. Ich weiß nicht, ob ich das durchhalte.«

Wie drei Kinder ihre Eltern »erziehen«

Ich muß zugeben, daß Geduld nicht eben eine der hervorstechendsten Eigenschaften Siebzehnjähriger ist, und ich schlug Wilfried darum den Weg vor, den die drei Kinder der mir gut bekannten Familie K. gewählt haben.

Das Verhältnis der Kinder zu ihren Eltern war nicht besser und nicht schlechter als in anderen Häusern, doch war die Atmosphäre im allgemeinen eher kühl, manchmal gespannt, und es kam gelegentlich zu plötzlichen Feindseligkeiten.

Unter der Anleitung der ältesten Tochter, die im sechsten Semester Psychologie studierte, übten sich die Kinder einige Wochen lang in gezielter Anerkennung.

Sie hatten auch kleine Erfolge: die Mutter — um sie drehte es sich vorwiegend, der Vater trat wie die meisten Väter wenig in Erscheinung —, die Mutter also wurde um eine Spur lockerer und zugänglicher. Eines aber lernte sie nicht recht: sie konnte sich ihrerseits niemals zu einem freundlichen Wort der Anerkennung durchringen. Daß die Kinder aufgeschlossener waren, nahm sie mehr oder minder als selbstverständlich hin. Das alte Lied.

Die Kinder hielten daraufhin Kriegsrat und beschlossen, die Mutter in ihr Komplott einzuweihen und sie zu bitten, sich an der Lobkampagne zu beteiligen. Nach einigem Zureden und weniger aus Überzeugung, sondern weil sie keine Spielverderberin sein wollte, machte die Mutter mit.

Ein gut funktionierender »Fahrplan«

Die Psychologiestudentin arbeitete einen »Fahrplan« aus.

Erste Woche: Die Mutter wird gebeten, die Kinder regelmäßig zu loben, wenn sie ihre Zimmer »picobello« aufgeräumt haben.

Zweite Woche: Loben für Zimmeraufräumen, zusätzliche freundliche Anerkennung für prompte Erledigung der Schulaufgaben (bei den Kleineren), pünktliches Nachhausekommen der Ältesten.

Dritte Woche: Lob für Zimmeraufräumen, Aufgabenmachen, pünktliches Nachhausekommen. Dazu: Lob für Mithilfe im Haushalt.

Ab der vierten Woche: alle vorherigen Punkte. Außerdem soll Mutter womöglich alles loben, was ihr an den Kindern gefällt.

Die Kinder stellten fest, daß sich die Mutter anfangs ziemlich schwer tat, und ermunterten sie vorsichtshalber: »Ich habe mein Bett sehr schön gebaut. Ich denke, es wäre eine kleine Anerkennung fällig.«

Nach vierzehn Tagen hatte die Mutter eine Menge gelernt und begann, von sich aus spontan zu loben.

Zusätzlich vergaben die Kinder großzügig Chips, also Belohnungsmarken für jedes deutliche Zeichen von Zustimmung und Anerkennung.

Ein Chip: Die Jüngste trocknet das Geschirr ab.

Zwei Chips: Der Junge putzt drei Tage lang die

Schuhe. Drei Chips: Die Älteste kümmert sich allein um das Abendessen. Vier Chips: Die Jüngste besorgt drei Tage lang den gesamten Abwasch. Fünf Chips: Der Junge übernimmt für eine Woche die Gartenarbeit. Sechs Chips: Die Älteste führt die Mutter ins Kino aus.
Nach zwei Monaten war das System klaglos eingeschliffen, daß es keiner Chips mehr bedurfte. Die Mutter war ziemlich perfekt in der Kunst des Lobens, und sie hatte allen Grund dazu, denn auch die Kinder hatten dazugelernt: sie hatten es sich angewöhnt, viele Hausarbeiten freiwillig zu übernehmen, angespornt durch das Lob – das sie sich ja selbst erkauft hatten.
Ein nicht zu übersehender weiterer Vorteil des Lobens und Lobenlassens: wer es kann, ist besser imstande, Kritik zu üben und Kritik zu ertragen.

3. Kritik und Selbstkritik

Wenn unser Freund Ewald zu Besuch kommt, habe ich immer ein wenig Bauchweh. Ewald ist ein lieber Kerl, eine Seele von einem Menschen – allerdings mit zwei störenden Eigenschaften. Er redet manchmal blühenden Unsinn, besonders wenn er ein wenig über den Durst getrunken hat. Außerdem verträgt er überhaupt keine Kritik.
Es bedarf daher heroischer Selbstzucht, ihm nicht über den Mund zu fahren, wenn er seine haarsträubenden Dummheiten verzapft; andernfalls muß man gewärtig sein, daß Ewald einen bösen Streit vom Zaun bricht.
Einmal hatten wir unvorsichtigerweise einen Herrn eingeladen, den wir noch nicht sehr gut kannten, von dem wir aber annahmen, daß er und Ewald einige gemeinsame Interessen haben könnten, da beide den gleichen Beruf ausübten.
Im letzten Augenblick überfielen mich nagende

Zweifel. Was wird passieren, wenn Ewald wieder eine seiner lächerlich-absurden Theorien verbreitet und der fremde Gast ihm scharf widerspricht?
Meine Befürchtungen erwiesen sich zum Glück als unbegründet. Ewald fiel zwar wie üblich nach dem fünften Glas Wein aus der Rolle — aber der neue Gast erwies sich als Meisterdiplomat. Einer seiner Aussprüche wird mir ewig unvergessen bleiben. Ich habe ihn mir noch am selben Abend aufgeschrieben und häufig memoriert, um ihn bei passender Gelegenheit zur Hand zu haben. Eleganter kann man beim besten Willen eine kritische Replik nicht einleiten. Die Zauberformel lautet:
»Ich möchte gerne Ihrer Meinung sein, habe da aber gewisse Schwierigkeiten ...«
Was dann folgte, war eine glatte Widerlegung von Ewalds (wieder einmal) unmöglichen Thesen — aber eben so vorgebracht, daß nicht einmal er einen Anlaß fand, die beleidigte Leberwurst zu spielen.

Rezept gegen die beleidigte Leberwurst

Kritikproblem Nummer eins

Diese unsere Welt scheint mir überwiegend von Ewalds aller Schattierungen und Empfindlichkeitsgrade bevölkert, wohingegen kaum jemand die Kunst der nichtverletzenden Kritik beherrscht. Dies ist einer der Gründe, warum das Zusammenleben der Menschen so häufig aus einem friedlichen Miteinander zum feindseligen Gegeneinander entartet.
Paradoxerweise sind wir zwar jederzeit selbst bereit, allenthalben Kritik zu üben, wohingegen die Fähigkeit, Kritik gelassen einzustecken, stark verkümmert ist — sofern sie überhaupt je vorhanden war.
Ganz zu schweigen von ehrlicher Selbstkritik. In der üben sich vorwiegend solche Leute, die sie am wenigsten notwendig haben: Menschen mit mangelndem Selbstbewußtsein. Darüber haben wir uns ja schon ausführlich unterhalten.
Die Ursachen der Misere sind uns mittlerweile

hoffentlich ebenfalls klargeworden: unser Gesellschafts- und Erziehungssystem ist schuld daran, das mit geradezu teuflischer Lust vorwiegend die negativen Dinge zur Kenntnis nimmt und hervorhebt, während es positive Aspekte kaum beachtet.
Es liegt in der Natur der Sache, daß für junge Menschen die Kritik im Elternhaus das Problem Nummer eins ist. Wenn sie darauf ihrerseits mit ungehemmter und oft unsachlicher Kritik antworten, trägt dies keineswegs zur Verbesserung des häuslichen Klimas bei. Im Gegenteil.

Kritiklos gegenüber Altersgenossen

Ihren Altersgenossen gegenüber verhalten sich die meisten Jungen und Mädchen völlig unkritisch und räumen ihnen eine Autorität ein, die sie bei den Eltern entrüstet von sich weisen.
In diesem Zusammenhang muß ich unwillkürlich an Beate denken, die ein paar Häuser von uns entfernt wohnt. Sämtliche Hausbewohner werden in regelmäßigen Abständen Ohrenzeugen der dramatischen, lautstarken Auseinandersetzungen zwischen Eltern und Tochter.
Alle wissen längst, worum es sich hauptsächlich dreht. Beate, ein pummeliges, kleines Mädchen, liebt es, in hautengen Jeans, ohne Büstenhalter, dafür aber mit Transparentbluse herumzulaufen, durch die man wirklich alles sieht, was die Natur oberhalb des Nabels zu bieten hat.

Wer ist »man«?

Beates Eltern sind der Ansicht, daß dieser Aufzug un-mög-lich ist und daß »man« sich nicht so auffällig zu kleiden hat.
Beate findet sich schick und steht auf dem Standpunkt, daß »man« derlei heute trägt. Alle ihre Freundinnen tun es auch.
Dieser Fall ist in mehrfacher Hinsicht kennzeichnend und lehrreich.
Er beweist, daß das bedenkliche »man« keinesfalls

allgemeingültige Werte bezeichnet, sondern lediglich die Regeln und Gepflogenheiten einer bestimmten Gruppe.

»Man kleidet sich dezent«, heißt im Klartext: Wir Erwachsenen bevorzugen unauffälliges Aussehen. Allenfalls noch: Wir sehen es gerne, wenn unser Kind Kleider anzieht, die auch uns gefallen.

»Man trägt Jeans und Transparentblusen« hingegen bedeutet: Meine Freundinnen und ich mögen diese Sachen. Warum? Weil wir nicht konformistisch herumlaufen möchten wie die Alten. Der Denkfehler: der Nichtkonformismus Beates erweist sich letzten Endes als ein Konformismus anderer Art.

So sieht die wahre Freiheit nicht aus

Fazit: Beate ist zwar äußerst empfindlich gegenüber der Kritik ihrer Eltern, beugt sich aber widerspruchslos dem Diktat ihrer Freundinnen. So vehement sie gegen die Kritik der Eltern aufmuckt, so sehr fürchtet sie die Kritik der Gruppe, falls sie aus der Reihe tanzt und nicht anzieht (oder tut), was in diesen Kreisen gerade Mode ist (Mode jeder Art – von Kleider- bis Politmode). Frei ist sie da und dort nicht.

Ganz nebenbei beweist Beate auch einen erschreckenden Mangel an Selbstkritik: mit ihrem dicken Hintern, den kurzen Beinen und dem traurigen Hängebusen macht sie sich in Jeans und Transparentbluse zur Witzblattfigur.

Die drei Kritikformen

Wer sich mit dem heiklen Komplex »Kritik« auseinandersetzen und versuchen will, mit nötiger und unnötiger Kritik in Frieden zu leben, hat daheim ein ausgezeichnetes Übungsfeld. Kritik ist in den meisten Familien ein üppig wucherndes Unkraut.

Man wird sich vorerst einmal in Ruhe hinsetzen und ein wenig nachdenken; tunlichst in einem Augenblick, da man nicht gerade wieder einmal überkocht vor Wut über ungerechtfertigte Kritik.

Es wird sich herausstellen, daß es nicht nur eine einzige, sondern höchst verschiedenartige Formen der elterlichen Kritik gibt, die auch unterschiedliche Wurzeln haben.

1. Kritik, die blanker Feindseligkeit entspringt. Es gibt, das läßt sich leider nicht wegdiskutieren, Eltern, die ihre Kinder schlicht und einfach nicht leiden können; aus welchen Gründen auch immer.

Sie haben mit ihrer Kritik nichts im Sinn, als ihre Kinder zu unterdrücken, an die Wand zu spielen, fertigzumachen, zu verletzen und ihre Menschenwürde mit Füßen zu treten.

Meist sind solche Eltern nach einer langen freudlosen Ehe in Haß verhärtet und führen den permanenten Kampf der Geschlechter auf anderer Ebene gegen die Kinder weiter.

In den Augen der Eltern sind sie Babys

2. Die häufige Form dessen, was ich »fahrlässige« Kritik bezeichnen möchte. Sie ist nicht böse gemeint, sie hat aber auch keinen konstruktiven Wert. Sie entspringt dem im vorigen Kapitel behandelten Unvermögen mancher Eltern, sich einer veränderten Situation anzupassen. Die fast erwachsenen Söhne und Töchter sind in den Augen der Eltern noch immer schutzbedürftige Babys, die man ständig führen, lenken, ermahnen und – eben kritisieren muß.

Diese Eltern haben nicht begriffen, daß die Teenager von einem gewissen Zeitpunkt an manche Entscheidungen selbständig treffen müssen: und sogar Fehlentscheidungen, um aus ihnen zu lernen. Sonst werden sie niemals wirklich erwachsen.

3. Gerechtfertigte Kritik, die es immer und überall (vor allem im späteren Berufsleben) gibt und geben muß. Aus ihr kann man nur lernen. Kein Mensch ist vollkommen, jeder macht Fehler. Er sollte dankbar sein, wenn man ihn darauf aufmerksam macht.

Zwischen diesen drei Hauptkategorien gibt es natürlich noch etliche Zwischenformen und fließende Übergänge.

Eine »fahrlässige« und eine gerechtfertigte Kritik können im selben Atemzug ausgesprochen werden. Und sie können unversehens in feindselige Kritik ausufern, wenn der Gegenpart allzu aggressiv reagiert.

Junge Menschen sind elterlicher Kritik gegenüber meist schon so ablehnend eingestellt, daß sie hinter jedem Wort Anklagen und Vorwürfe wittern. Selbst freundlichste Teilnahme und echte Besorgnis legen sie häufig als Bevormundung und Einmischung aus.

Nette Worte, die zur Weißglut treiben

Ich erinnere mich an einige Sätze meiner Eltern, die, das weiß ich heute, durchaus freundlich und fürsorglich gemeint waren und die mich dennoch zur Weißglut trieben.

- Hinter dem Satz: »Hast du gut geschlafen, mein Kind?« witterte ich den Vorwurf: »Du bist aber wieder einmal reichlich lange im Bett geblieben.«
- »Nun, wie geht die Arbeit voran?« hieß für mich: »Du bist sicher den ganzen Nachmittag faul gewesen.«
- »Wo warst du gestern abend?« verstand ich als: »Du bist viel zu lange ausgeblieben.«
- »Wen hast du getroffen?« übersetzte ich für mich selbst: »Du warst schon wieder mit dem schrecklichen X zusammen, dessen Umgang wir dir doch ausdrücklich verboten haben.«

Derart übergroße Empfindlichkeit gegen alle, auch ganz harmlos gemeinten Äußerungen macht uns unfähig, feindselige Kritik kühl und gelassen zu ertragen, gegen »fahrlässige« Kritik vernünftig zu argumentieren und gerechtfertigte Kritik anzunehmen. Diese Übersensibilität macht uns nur wütend, aggressiv und ungerecht; sie verleitet uns, unüberlegt loszukreischen – das heißt, nun wirklich einen handfesten Anlaß für berechtigte Kritik zu liefern!

Wieder einmal: desensibilisieren!

Daher gilt es vor allem anderen, diese Überempfindlichkeit abzustellen und sie – richtig geraten! – systematisch zu desensibilisieren; nach dem altbekannten und hoffentlich schon guttrainierten Schimmel (siehe Seite 18 ff.). Und wieder nach dem bewährten System der kleinen Schritte, beginnend mit harmlosen, endend mit affektgeladenen Äußerungen der Eltern.

1. Die Mutter sagt: »Guten Morgen.«
2. Der Vater sagt: »Hast du gut geschlafen?«
3. Die Mutter sagt: »Ist es gestern spät geworden?«
4. Der Vater sagt: »Wäre es jetzt nicht klüger, an die Arbeit zu gehen?«
5. Die Mutter sagt: »Du hast schon wieder deine Sachen im Wohnzimmer herumliegen lassen.«
6. Der Vater sagt: »Deine Freunde finde ich unmöglich.«
7. Die Mutter sagt: »Einfach schrecklich, diese Musik. Und noch dazu so laut.«
8. Der Vater sagt: »Wie du wieder herumläufst. Du siehst ja aus, wie aus der Gosse gezogen.«
9. Die Mutter sagt: »Du bist der größte Egoist, der mir je untergekommen ist.«
10. Der Vater sagt: »Du bist das letzte. Ein Versager durch und durch. Das prophezeie ich dir. Aus dir wird nie ein anständiger Mensch. Pfui Teufel.«

Neue Verhaltensmuster

Ist es gelungen, zuerst in der Vorstellung und dann auch in der Realität gelassen zu bleiben (selbst bei völlig ungerechtfertigten Vorwürfen!), dann heißt es, sich angemessene Verhaltensmuster für neuerliche Kritikattacken zurechtzulegen.

Am einfachsten ist es, feindseliger, bewußt abwertender und verletztender Kritik zu begegnen. Da braucht man keine Antwortformeln und Redewendungen bereit zu haben. Da ist es am besten, einfach den Mund zu halten – und zu warten.

Warten, bis man endlich auf eigenen Beinen steht und diesem gräßlichen Elternhaus den Rücken kehren kann, in dem man ohnedies nichts verloren hat. Mit Feinden kann man nicht debattieren, argumentieren, sie sind nicht zu überzeugen. Jedes freundliche, selbst jedes neutrale Wort ist in den Wind gesprochen. Und jedes böse Wort macht die Situation noch unerträglicher.

Eltern, die ihre Kinder hassen, sind doch recht selten

Allerdings glaube ich, daß wir uns bei diesem Abschnitt nicht weiter aufzuhalten brauchen. Denn: Eltern, die ihre Kinder hassen und verachten, sind wirklich in der verschwindenden Minderzahl. Soviel ich auch nachdenke – mir fällt kein einziges solches Elternpaar ein; und mein Bekanntenkreis ist, rechnet man auch noch meine vielen beruflichen Kontakte hinzu, überdurchschnittlich groß.

Was nun die gerechtfertigte Kritik anbelangt – da liegt die Sache ganz anders. Gerechtfertigte Kritik ist immer gut gemeint und kann uns sehr viel weiterhelfen. Wer sie akzeptiert, verfügt über ein hohes Maß an Selbstkritik und Einsicht; der ist eine reife, erwachsene Persönlichkeit, sei er auch erst vierzehn oder fünfzehn Jahre alt.

Bringt man dann noch die Größe und den Mut auf zu sagen: »Ja, in diesem Fall hast du völlig recht, ich werde mir's durch den Kopf gehen lassen und versuchen, mich zu ändern«, dann ist ein Sieg auf der ganzen Linie errungen. Ein Sieg über sich selbst – und auch ein Sieg über den Kritiker. Was soll einer noch sagen, wenn man ihm ohnehin recht gibt?

Das ist mir selbst erst kürzlich passiert. Unser Junior, Sebastian Benjamin, hatte in schweißtreibender Bastelarbeit den teuren elektrischen Hosenbügler

meines Mannes halb zerlegt. Die Smokinghose, die darin eingespannt war, verschmorte total, und wenn ich nicht rechtzeitig eingegriffen hätte, wäre es vermutlich zu einem gefährlichen Zimmerbrand gekommen.
Man braucht keine überwuchernde Phantasie zu haben, um sich auszumalen, was ich dem jungen Herrn alles ins Gesicht sagte. Um ehrlich zu sein: ich sagte es nicht, ich brüllte.
Als ich einmal doch Atem holen mußte, erklärte der Knirps ruhig und freundlich: »Du hast recht, daß du böse bist. Es war sehr dumm von mir. Danke, daß du es mir gesagt hast. Es wird nie mehr vorkommen, das verspreche ich dir.«
Mir blieb vor Verblüffung der Mund offenstehen. Ich grüble jetzt noch immer, wieso ein Siebenjähriger derart richtig reagieren konnte. Angeborener Instinkt? Oder liegt es daran, daß er die Grundregeln der Verhaltenspsychologie sozusagen schon mit der Muttermilch eingesogen hat?

Achtung! Kritikfalle!

»Ich bin jetzt soweit, daß ich gerechtfertigte von fahrlässiger Kritik ganz gut unterscheiden kann«, berichtete mir nicht ohne Stolz der sechzehnjährige Dieter. »Wann immer meine Eltern an mir herumzunörgeln beginnen, überlege ich blitzschnell, ob sie nicht vielleicht gute Gründe dafür haben – zumindest von ihrem Standpunkt aus. Aber ich schwöre dir, oft ist mein Gewissen rein – und sie meckern noch immer. Desensibilisierung hin, Desensibilisierung her – es ist zum Aus-der-Haut-Fahren.«
Ich überredete Dieter, das bequemlichkeitshalber lieber sein zu lassen und es einmal mit dem »Kritikfallentrick« zu versuchen.
Dieter sagt seinen Eltern, daß er entschlossen ist, gerechtfertigte Kritik ohne Gegenargumente anzunehmen, sie aber bittet, fahrlässige Kritik nach Mög-

lichkeit einzuschränken. Das ist eine gute Ausgangsbasis. Nach diesem Versprechen sind die Eltern zumindest gesprächsbereit.

Trotzdem werden sie immer wieder in die »Kritikfalle« tappen – sie haben sich im Laufe der Jahre zu sehr daran gewöhnt. Da muß nun Dieter versuchen, sich selbst und seine Eltern ein wenig zu »erziehen«, ihre wahren Gefühle und Empfindungen zu zeigen und diese nicht hinter Sticheleien zu verstecken, die niemandem etwas nützen und allen nur weh tun.

Alle tappen in die »Kritikfalle«

Dieter schlägt seinen Eltern ein bestimmtes Signal vor, das allen Beteiligten den Beginn einer brenzligen Situation anzeigt.

Es soll ein neutrales, nicht von vornherein abwertendes Zeichen sein, das niemandes Gefühle verletzt. Also zum Beispiel: schnelles Heben der rechten Hand, dazu das Wort »Achtung!«.

Wichtig ist, daß das Signal sofort befolgt wird. Und ebenso wichtig, daß der Signalgeber eine prompte Reaktion gebührend zur Kenntnis nimmt und herausstreicht.

Auf diese Weise können Zwischenfälle, die früher unweigerlich zu Ärger und Krach geführt haben, friedlich bereinigt werden.

Situation 1: Vater arbeitet. Dieter geht zum Radio, schaltet Rockmusik ein, natürlich Lautstärke zehn.

Früheres Verhalten: Vater schreit: »Dreh sofort das Radio ab. Das ist doch eine bodenlose Rücksichtslosigkeit. Niemals denkst du an andere.« Dieter: »Kein bißchen Freude hat man in diesem Haus. Stopf dir doch die Ohren zu, wenn du das nicht hören magst.« Mutter mischt sich ein, ergreift Vaters Partei. Krach.

Neues Verhalten: Vater hebt die Hand, sagt: »Achtung!« Dieter: »Tut mir leid, ich habe übersehen, daß du dringend zu arbeiten hast.« Vater: »Nett von dir, daß du so schnell kapiert hast. Ich habe höchstens eine halbe Stunde zu tun. Hoffentlich findest du dann noch ein Programm, das dir gefällt.«

Situation 2: Mutter hat das Abendessen auf den Tisch gestellt, ruft zum Essen. Dieter trödelt noch in seinem Zimmer herum.

Früheres Verhalten: Mutter kneift: »Es ist furchtbar mit dir, zu allem brauchst du eine Ewigkeit. Wie oft soll ich dir noch sagen, daß pünktlich gegessen wird?« Dieter: »Laß mich doch in Ruh', was brauch' ich euer blödes Essen. Soll's eben kalt werden.« Vater mischt sich ein, ergreift die Partei der Mutter. Krach.

Neues Verhalten: Mutter: »Es ist furchtbar mit dir, zu allem brauchst du ...« Dieter hebt die Hand. »Achtung!« Mutter: »Ich würde mich freuen, wenn du bald fertig bist. Ich habe es so gern, wenn wir alle gemeinsam essen.« Dieter: »Danke, daß du noch einen Augenblick wartest. Ich beeile mich. Bin gleich da.«

Zurückschreien bringt gar nichts

Ich bin nicht ganz sicher, ob alle Eltern, so wie Dieters Vater und Mutter, bereit sind, auf die Vorschläge ihrer Kinder einzugehen – und seien diese noch so richtig und wichtig.

Vollkommen sicher aber bin ich hingegen, daß spontanes, unüberlegtes Zurückschreien überhaupt nichts bringt. Man sollte sich einmal vor Augen halten, wie man sich selbst fühlen würde, wenn man derlei an den Kopf geschmissen bekäme: »Du bist ekelhaft, mit dir kann man nicht leben. Ich hasse dich ...«

Merke: Auch andere Menschen haben Gefühle, die den eigenen aufs Haar gleichen.

Es gibt eine recht unterhaltsame und lehrreiche Methode, die Gedanken und Empfindungen anderer zu erforschen und nachzufühlen. Dafür braucht man keine besonderen Requisiten. Nur zwei Stühle.

4. So ein Theater

Unser Freund Fred ist ein begeisterter Tonbandbastler. Vom Fliegensurren bis zum Kuckucksschrei, vom tropfenden Wasserhahn bis zum Wogengetöse hat er schon jedes Geräusch eingefangen und seine Freunde mit interessanten Lauteffekten und -kombinationen überrascht.

Seine Spezialität ist das Belauschen von Menschen – wobei zu seiner Ehre ausdrücklich gesagt werden muß, daß er den Betroffenen nachher immer gleich die Bänder vorspielt und sie fragt, ob er sie aufheben darf oder löschen soll. Überdies frönt er seinem Hobby ohnehin nur im engsten Freundes- und Bekanntenkreis. Jeder weiß, was ihm blühen kann, wenn er Fred besucht.

Das war noch schön: Schmatzen an der Brust

Die hübschesten Tondokumente stammen von Freds Kindern: das Schmatzen an der Mutterbrust; das Brabbeln in der Wiege; das lustvolle Formen erster Worte; Selbstgespräche vor dem Einschlafen.

Jetzt sind Fredi junior und Susi acht und fünf Jahre alt. Ihr jüngst belauschtes Gespräch beim »Vater-Mutter«-Spiel ist nicht nur amüsant, sondern auch in höchstem Maße aufschlußreich.

Susi: »Jetzt kommst du erst?«

Fredi: »Was soll das schon wieder? Ich bin eben aufgehalten worden.«

Susi: »Das sagst du immer.«

Fredi: »Wenn ich es immer sage, dann weißt du's doch ohnehin. Warum fragst du?«

Susi: »Ich habe dich gebeten, du sollst pünktlich sein. Ausgerechnet heute kommst du so spät.«

Fredi: »Immer mußt du schimpfen.«

Susi: »Ich schimpfe ja nicht, ich ...«

Fredi: »Natürlich schimpfst du. Immer bist du schlechter Laune, wenn ich nach Hause komme.«

Susi: »Muß ich doch. Glaubst du, es ist ein Vergnügen, den ganzen Tag allein hier herumzusitzen – mit den Kindern.«

Fredi: »Aha. Die Kinder. Was haben die schon wieder angestellt?«
Und so weiter und so fort.
Fred senior war dermaßen stolz auf das neue Band, daß ihm gar nicht auffiel, wie schonungslos die Kinder ihn und seine Frau beim Elternspiel entlarvt hatten.

Was dahintersteckt

Kinder sind sehr genaue Beobachter ihrer Eltern und wissen schon in recht jungen Jahren erstaunlich präzise Bescheid über deren Verhaltensweisen.
Solange sie klein und ihre Antennen für feinste Empfindungen noch nicht allzusehr beschädigt sind, spüren sie auch, welche Gefühle hinter den einzelnen Äußerungen stehen.
Dieses Gespür kommt ihnen unter dem Einfluß einer eher gefühlsfeindlichen Erziehung mit der Zeit abhanden. Es muß erst wieder mühsam erworben werden – zu eigenem Nutz und Frommen: Wer weiß, was der andere *wirklich* meint, wie der andere sich im Innersten fühlt, kann sich dementsprechend verhalten und den anderen unmerklich zu seinen eigenen Gunsten beeinflussen.

Wer anderer Leute Gefühle kennt, tut sich viel leichter

Wir haben im Kapitel »Noch einmal mit Gefühl« den Versuch unternommen, unsere eigenen Empfindungen kennenzulernen. Jetzt wollen wir einmal probieren, ob wir das Gefühlsgeheimnis anderer Menschen enthüllen können. Das ist eine richtige psychologische Detektivarbeit, mitunter spannender als ein Krimi.
Nehmen wir ein Blatt Papier und analysieren wir der Einfachheit halber gleich einmal das Gespräch zwischen Fredi und Susi, korrektes Protokoll einer alltäglichen häuslichen Szene.
Susi: »Jetzt kommst du erst?« *Gefühl:* Ich habe Angst, daß du mich nicht liebst, weil du nicht gleich zu mir nach Hause kommst.

(Es kann natürlich auch ein viel heftigeres Gefühl dahintersteckеn. Etwa: Ich hasse dich, weil du mich nicht mehr liebst, ich will dir das Leben sauer machen und dich einsperren, wo ich kann.)

Fredi: »Was soll das schon wieder? Ich bin aufgehalten worden.« *Gefühl:* Ich bin in meiner Freiheit eingeengt.

Susi: »Das sagst du immer.« *Gefühl:* Er schließt mich aus seinem Leben aus. Er will mir nie die Wahrheit sagen. Ich fühle mich einsam.

Fredi: »Warum fragst du?« *Gefühl:* Ich brauche meine Ruhe.

Susi: »Ich habe dich ausdrücklich gebeten, du sollst pünktlich sein.« *Gefühl:* Ich wollte ihm mit seiner Lieblingsspeise eine Freude machen, jetzt ist der Auflauf zusammengefallen.

Fredi: »Immer mußt du schimpfen.« *Gefühl:* Ich will endlich ausspannen.

Susi: »Ich schimpfe ja nicht.« *Gefühl:* Ich bin traurig.

Fredi: »Du bist immer schlechter Laune.« *Gefühl:* Ich wäre so froh, wen du mich, wie früher, mit einem Kuß und einem Lächeln begrüßen würdest.

Susi: »Glaubst du, es ist ein Vergnügen, den ganzen Tag hier herumzusitzen — mit den Kindern.« *Gefühl:* Ich fühle mich eingesperrt, mir fällt die Decke auf den Kopf, die Kinder gehen mir manchmal auf die Nerven.

Fredi: »Aha, die Kinder. Was haben die schon wieder angestellt?« *Gefühl:* Der Tag war sehr anstrengend. Ich will mich nicht auch noch über die Kinder ärgern müssen.

Herausfinden, was dahintersteckt

Wem Fredi und Susi zu langweilig sind, kann ja auch einmal andere Leute unter die Lupe nehmen und deren wahren Empfindungen nachspüren. Es kommt gar nicht darauf an, diskrete Geheimnisse ans Licht zu zerren, es gilt vielmehr, überhaupt eine gewisse Sensitivität für anderer Leute Regungen zu entwickeln. Zum Beispiel:

Lehrer schreit: »Seid endlich ruhig!« *Gefühl:* Ich bin nervös und überarbeitet, der Lärm macht mich noch ganz krank.
Mitschüler sagt: »Gehst du noch ein Stück mit mir?« *Gefühl:* Ich möchte nicht allein nach Hause gehen. Ich brauche noch jemanden, mit dem ich reden kann.
Freund sagt: »Ich habe keine Lust, mit euch ins Kino zu gehen.« *Gefühl:* Ich fühle mich als Außenseiter. Ich habe Angst, daß ihr mich wieder auslacht.
Eine andere Variante des Detektivspiels »Gefühlssuche« kann einem Fernsehabend zusätzliche Reize verleihen. Man beobachtet die Akteure eines TV-Spiels und versucht, die tatsächlichen Wünsche und Regungen herauszufinden, die hinter den Worten stecken.

Eine Person in zwei Rollen

Kehren wir dorthin zurück, wo die meisten Spannungen durch nichtausgesprochene und daher nicht zu verstehende Gefühle entstehen: zur Familie.
Familienleben ist meist ein ununterbrochenes Theater, in dem jeder eine Rolle spielt und einer gegen den anderen Regie führt. Wir sind so intensiv mit der eigenen Rolle beschäftigt, daß wir uns weder Zeit noch Mühe nehmen, die Gedanken und Motive der anderen Mitspieler zu ergründen.
Spielen wir dieses Theater einmal gezielt nach. Wir werden entdecken, daß wir viel mehr über den anderen wissen, als wir ahnen. Dieses »Theaterspiel« hat den Vorteil, daß wir gezwungen sind, Gedanken laut und deutlich zu formulieren.
Eine Reihe von wissenschaftlichen Tests hat ergeben, daß das gesprochene Wort Probleme viel besser lösen hilft als bloßes Nachdenken; da laufen die Gedanken kreuz und quer, neue Ideen schieben sich dazwischen, und ehe man es sich versieht, herrscht

Hinter dem Lächeln steht oft Trauer

ein heilloses Durcheinander. Man findet keinen Anfang und kein Ende. Schließlich dreht sich alles im Kreis.
Ich habe für mich persönlich einen Ausweg gefunden. Wenn ich ein heikles Problem zu bewältigen habe, versuche ich, meine Gedanken sofort in einen druckreifen Artikel umzusetzen. Das erfordert Logik und Disziplin — aber auch eine gewisse Schreibroutine.
Für Nichtschreiber ist das Aussprechen von Gedanken noch allemal die beste Methode, Ordnung zu schaffen und selbst versteckteste Regungen aufzuspüren.
Axel zum Beispiel kommt mit seinem Vater in letzter Zeit überhaupt nicht mehr zurecht. Es gibt endlose Reibereien zwischen den beiden. Und jedes dieser Minidramen endet mit einer Doppelpointe: »Papa, du verstehst mich eben nicht.« — »Axel, du verstehst mich eben nicht.« — Schluß. Aus. Verstimmung für mehrere Tage. Bis zum nächsten Zusammenstoß.
Da die Situation langsam unerträglich wird, gibt sich Axel einen Stoß und wagt sich an das »Rollenspiel auf zwei Stühlen«. Es soll ihm helfen, seine eigenen, aber auch die Gefühle des Vaters besser zu verstehen.
Axel schließt sich in sein Zimmer ein. Besser noch: er wartet, bis er einmal allein in der Wohnung ist. Er stellt zwei Stühle auf, die er abwechselnd benutzt — jeweils in seiner eigenen und in der Rolle des Vaters.
Er »spielt« sich selbst — so, wie er eben ist. Wenn er den Vater darstellt, versucht er bewußt, dessen Haltung, Gestik und Wortwahl nachzuahmen.

Die Überraschung: Vater ist gar nicht »so«

Axel bemüht sich, nicht zu kritisieren und nicht zu streiten. Nur so kann er einen Überblick über seine und des Vaters Gefühle gewinnen. Er wird überrascht sein, wieviel er über sich selbst erfährt — und wieviel er vom Vater weiß!

Das Spiel beginnt mit einer formellen Vorstellung. Das ist gut, weil es Axel vermutlich schwerfällt, einfach draufloszuplaudern. Er geniert sich vor sich selbst, und er muß die Anfangshemmung überwinden, in die Haut des Vaters zu schlüpfen.
Axel (als Axel auf Stuhl 1): »Ich bin der Axel. Ich will dieses Gespräch ernst nehmen. Ich will sagen, was ich fühle, und ich will mich bemühen, dir und mir gegenüber ehrlich zu sein.«
Axel (als Vater auf Stuhl 2) stellt sich gleichfalls in dieser oder ähnlicher Form vor.
Dann setzt er sich wieder auf Stuhl 1. Es ist wesentlich, daß er mit jeder Person auch den Stuhl wechselt, weil die Gefahr besteht, daß er aus der Rolle fällt, wenn er auf dem falschen Stuhl sitzt.
Das Gespräch könnte vielleicht so verlaufen.

Beispiel für ein »Rollenspiel«

Axel (als Axel): »Eigentlich habe ich mich ein wenig vor diesem Theaterspiel gefürchtet. Ich kam mir eher lächerlich vor. Ist das überhaupt etwas für Jungen? Sind solche Kinkerlitzchen nicht nur Mädchensache?«
Axel (als Vater): »Mir ging es genauso. Du weißt, ich halte nichts von Gefühlsduselei. Das ist doch alles Unsinn. Hauptsache, man tut seine Pflicht, das ist das Wichtigste im Leben.«
Axel (als Axel): »Das ist es, was mich so bedrückt. Ich sehe ja ein, daß jeder Mensch in irgendeiner Form irgendeine Pflicht hat. Aber etwas anderes sollte es daneben auch noch geben. Etwas, was ein bißchen Freude macht.«
Axel (als Vater): »Freude, was weiß denn ich, was Freude ist. Ich kann mich gar nicht richtig freuen. Wenn ich morgens aufstehe, fallen mir nur die miesen Sachen ein, die auf mich warten.«
Axel (als Axel): »Mich kotzt der Tag schon an, sobald ich aufwache. Ich hab' solche Schwierigkeiten in der Schule. Ich weiß, ich müßte mehr lernen, aber

ich habe nicht die Kraft dazu. Am liebsten möchte ich ganz aufhören und nach sonstwohin auswandern. Der ganze Zwang geht mir auf die Nerven. Kann man denn nirgendwo in der Welt mehr frei leben? Freiheit, das ist es, was ich mir wünsche.«

Axel (als Vater): »Was mich am meisten quält, das ist die Angst um meinen Arbeitsplatz. Ich bin bald fünfzig. Die Jungen drängen nach. Ich bin manchmal halb verrückt vor Sorgen. Ich kann mit niemandem darüber reden. Wie sieht denn das aus, wenn ich als Mann und Familienoberhaupt wie ein weibischer Waschlappen zittere?«

Axel (als Axel): »Das ist mir alles noch nicht aufgefallen. Ich bin so mit meinen Problemen beschäftigt, daß ich überhaupt nicht merke, was rings um mich vorgeht.«

Axel (als Vater): »Es ärgert mich so, daß niemand in meiner Familie spürt, wie belastet ich bin, und dann explodiere ich.«

Axel (als Axel): »Ich denke immer, du hast es nur auf mich persönlich abgesehen, wenn du Krach schlägst.«

Der übliche Streit bleibt ausgeklammert

In dieser Tonart könnte das Gespräch ziemlich lange weitergehen. Erstaunlicherweise artet es nicht in die übliche Streiterei aus, weil (laut Regieanweisung von Axel) jeder *ausschließlich* über seine eigenen Empfindungen redet und nicht in den Fehler verfällt, den anderen zu kritisieren, zu beschuldigen und herunterzumachen.

Ein Gespräch, eine Diskussion hat alle Chancen, zu einer allseits annehmbaren Lösung von Problemen zu führen, wenn vorwiegend diese Wendungen darin gebraucht werden:

- »*Ich* fühle ...«
- »*Ich* fürchte ...«
- »Es kränkt *mich* ...«

Streit und Hader, an dessen Ende es keine Sieger, sondern nur Verletzte und Besiegte gibt, wird hingegen von solchen Formulierungen beherrscht:

- »*Du* bist ...«
- »*Du* hast schon immer ...«
- »*Du* mußt ...«

Was im folgenden Kapitel zu beweisen sein wird.

5. Schöner streiten

Szene 1

Die Straßenbahn ist, wie zur Stoßzeit üblich, hoffnungslos überfüllt. Die Menschen drängen sich wie die Ölsardinen und sind dementsprechend übel gelaunt. Als der Motorführer aus irgendeinem Grund abrupt bremsen muß, werden die Passagiere durcheinandergeschüttelt.

Ein junger Mann, feste Stiefel an den Beinen, tritt einem jungen Mädchen kräftig auf die Zehen. Unglücklicherweise stecken diese in dünnen Sandalen.

Wie reagiert das Mädchen? Vermutlich so oder ähnlich:

»Trottel, blöder, kannst du nicht aufpassen!«

Worauf er prompt in Harnisch gerät. »Was kann ich denn dafür, daß die Straßenbahn plötzlich bremst.«

Sie: »Damit muß man immer rechnen. Hättest dich eben anhalten sollen.«

Er: »Zieh doch anständige Schuhe an, wenn du ein öffentliches Verkehrsmittel benützt, dumme Gans. Oder fahr mit deinem Freund im Rolls-Royce.«

Stundenlang am Ärger tragen

Sie keift zurück. Er wird ordinär. Bei der nächsten Haltestelle stürzt sie wütend davon; er bleibt mit knallrotem Kopf zurück und knirscht mit den Zähnen. Beide haben an ihrem Ärger noch Stunden zu tragen. Es ist durchaus nicht ausgeschlossen, daß sie ihre aufgestauten Aggressionen später an völlig unbeteiligten Personen abreagieren werden.

Die Episode hätte aber auch einen ganz anderen Verlauf nehmen können.

Die Straßenbahn ruckt, der Junge landet mit seinen Stiefeln auf den bloßen Zehen des Mädchens.
Sie: »Au. Das hat aber weh getan.«
Er: »Tut mir leid. Ich bin selbst erschrocken, wie ich da plötzlich auf deinen Füßen gelandet bin.«
Sie: »Na ja, so arg ist es auch wieder nicht.«
Er: »Ich hätte mich wohl festhalten müssen.«
Sie: »Ich werde mir's merken. Keine Sandalen mehr in öffentlichen Verkehrsmitteln.«
Die beiden kommen ins Gespräch, finden Gefallen aneinander und steigen bei der nächsten Haltestelle gemeinsam aus, um ein Eis essen zu gehen.

Szene 2

Statt Krach—eine nette Bekanntschaft

Ein junger Mann hockt an seinem Arbeitstisch und brütet düster vor sich hin. Die Mutter sitzt im selben Zimmer über einer Näharbeit und fragt schließlich: »Was hast du?«
»Nichts.«
»Sicher hast du was, sieh dir dein Gesicht an.«
»Ich sage dir doch, es ist nichts.«
»Das kannst du mir nicht erzählen. Ich kenne dich doch. Sicher hat es wieder eine Katastrophe in der Schule gegeben. Was hast du angestellt?«
»Ich habe nichts angestellt. Immer traust du mir gleich das Schlimmste zu. So laß mich doch endlich in Ruhe. Misch dich nicht immer ein.«
»Ah, sehr gut. In Ruhe soll ich dich lassen. Aber wenn du mich brauchst, dann muß ich immer gleich für dich da sein. Da darf ich mich einmischen. Da ist das Mütterlein gut genug ...«
Es folgt ein längeres Lamento mit detaillierter Aufzählung früherer Wohltaten (der Mutter) sowie ein Register längst vergessener Sünden (des Sohnes).
Der Junge gerät in Zorn, schreit. Die Mutter schreit zurück, bricht in Tränen aus. Der Junge rennt aus der Wohnung.
Was ist wirklich passiert?

Der Junge ist von seiner Freundin beim Rendezvous versetzt worden. Er ist nicht ärgerlich, nur traurig und verletzt. Die Mutter hat, weil er seine Gefühle nicht ausgesprochen hat, diese völlig falsch gedeutet.

Die Mutter hat die heftigen Reaktionen auf sich und ihr Verhalten bezogen. Tatsächlich war der Junge gar nicht auf sie wütend, sondern nur bedrückt wegen seiner Freundin. Weil er das nicht gesagt hat, fühlte sich die Mutter betroffen und angegriffen und geriet sofort in Abwehrstellung.

Eine Störung muß angemeldet werden

Der Disput hätte gar nicht erst ausbrechen müssen, wenn der Junge die Störung klar gemeldet hätte, die er durch Gesichtsausdruck und Haltung ohnehin schon deutlich signalisierte.

Mutter: »Was hast du?«

Sohn: »Kummer wegen der Lilly ...«

Damit ist der Fall geklärt, der Sprengstoff beseitigt, ehe er Schaden anrichten kann. Die Mutter weiß, daß weder die Schule noch sie die Ursachen der Verstimmung sind. Sie hat nun die Wahl, ihn zu einem Gespräch zu animieren oder ihn einfach in Frieden zu lassen, wenn er sein Problem lieber mit sich selbst austragen möchte.

Das übliche Streitschema

Streitigkeiten entstehen aus den verschiedensten, manchmal ganz nichtigen Anlässen. Sie verlaufen aber stets nach bestimmten »Ritualen«, die die bedeutenden deutschen Verhaltenspsychologen Anita und Karl Herbert Mandel in einem ausführlichen Katalog zusammengestellt haben. Streit beinhaltet demnach:

- Absichtliche und dramatische Verletzung des anderen. Äußerungen, von denen man weiß, daß sie dem anderen weh tun. Ironische Beleidigungen.
- Zitieren eines Sündenregisters aus der Vergangenheit. Auf eine Beschwerde mit Gegenklage antwor-

ten. Klagen, daß der andere einen an der Selbstentfaltung hindert. Schweigen mit beleidigter Miene. Den anderen der Aggression beschuldigen.

● Übertreibungen, Verallgemeinerungen, unzusammenhängende Äußerungen. Unvollständige Sätze. Mehrdeutige Aussagen. Nichtzuhören. Absichtliches Mißverstehen durch Allzu-wörtlich-Nehmen einer Aussage.

● Übertriebene Bescheidenheit, die vom anderen besondere Rücksichtnahme fordert. Aggressivität als angstbedingte Flucht nach vorn.

Als ich dieses – in Wirklichkeit dreimal so lange – Streitverzeichnis der Mandels zum erstenmal las, versetzte es mir einen leichten Schlag in die Magengrube. Ebenso überrascht wie betroffen mußte ich feststellen, daß ich im Laufe meines Lebens während diverser kleiner Streitigkeiten und großer Krachs mit Eltern, Verwandten, Freunden, Kollegen, Vorgesetzten, Untergebenen, mit Kindern und dem Ehepartner kaum eine dieser typischen Verhaltensweisen ausgelassen hatte.

Als ich die Litanei in ihrer geballten Zusammenfassung sah, begriff ich mit einemmal, warum Streitereien letzten Endes stets so fruchtlos und für alle Kampfhähne unbefriedigend ausgehen *müssen.*

Reibereien sind unvermeidlich

Eine Tatsache läßt sich nicht aus der Welt schaffen: Wo Menschen zusammen leben, gibt es Konflikte. Niemand kann mit allen einer Meinung sein, niemand kann unentwegt das gleiche wollen wie der andere. Es wird immer Angriffsflächen und Reibereien geben, Frustrationen, also Enttäuschungen und Verzichtenmüssen des einen oder anderen sind unvermeidlich.

Da wir alle keine sanften Engel sind und die Erde kein friedseliges Paradies ist, gilt es, neue Regeln des Zusammenlebens zu finden und zu erproben, die es uns ermöglichen, unsere eigenen Wünsche zu verwirklichen, unsere Erwartungen zu erfüllen, ohne sofort mit dem Nächstbesten auf Kollisionskurs zu geraten; naturgemäß hat nämlich auch der andere eigene Wünsche und Erwartungen, die er begreiflicherweise durchzusetzen versucht.

»Fassadenfamilien« machen krank

Familien, in denen es niemals Auseinandersetzungen gibt, sind mir unheimlich: hinter der Maske scheinbaren gegenseitigen Einverständnisses verbergen sich entweder Gleichgültigkeit oder stauen sich ungelöste Probleme bis zur Unerträglichkeit.

Der Salzburger Psychiater Professor Dr. Heimo Gastager hat nachgewiesen, daß solche »Fassadenfamilien« wahre Brutstätten für Neurosen und seelische Erkrankungen aller Art sind.

Im Laufe unseres Lebens lernen wir zwar eine ganze Menge. Doch niemand bringt uns bei, wie wir es anstellen sollen, Probleme gemeinsam und partnerschaftlich zu lösen, dabei Vertrauen zueinander zu fassen und die Persönlichkeit des anderen zu respektieren.

Wenn zwei (oder mehrere) Menschen bei dem Versuch, ihre Wünsche durchzusetzen und ihre Vorstellungen zu verwirklichen, einander in die Haare geraten, dann stets mit dem Ziel, die Oberhand zu behalten.

Zum Schluß gibt es Sieger und Besiegte, jede Menge Schwerverletzte und genügend Zündstoff für das nächste Gefecht: der augenblicklich Unterlegene lauert nur auf die nächstbeste Gelegenheit, schreckliche Rache zu nehmen. Zumindest wird er die vom Sieger aufgezwungenen Bedingungen offen oder verstärkt sabotieren, wo er kann.

Der Streitmechanismus läuft, fast zwanghaft, so ab, daß jeder Angriff sofort mit einem Gegenangriff gekontert wird. Keiner hört dem anderen richtig zu, denn er ist ja vollauf damit beschäftigt, die eigene Verteidigungsposition vorzubereiten und auszubauen.

Das geht in der Hitze des Gefechts so weit, daß niemand mehr selbst genau weiß, was er in seiner Wut dem anderen alles an den Kopf geworfen hat, woraus sich sofort neue Streitanlässe ergeben.
»Du hast doch gesagt ...« – »Nein, das habe ich niemals gesagt!« – »Aber natürlich hast du das gesagt, ich bin doch nicht blöd.« – »Ist nicht wahr. Du hast vielmehr gesagt ...« – »Ich? Nie im Leben!«

Das verräterische Tonband

Mein Mann und ich hatten einmal eine Zeit – sie liegt zum Glück schon eine Weile zurück –, da krachten wir fast täglich aneinander. Das war lange, ehe wir das Wort »Verhaltenspsychologie« auch nur gehört hatten. Heute wissen wir es Gott sei Dank besser.

Was hat wer nun wie gesagt?

Da wir einander trotz allem noch sehr gern und den aufrichtigen Wunsch hatten, die fruchtlosen Querelen aus der Welt zu schaffen, verfielen wir ganz von selbst auf eine Methode, die heute in den Sprechstunden von Verhaltenspsychologen gang und gäbe ist. Wir ließen bei den nächsten Krachs einfach ein Tonband mitlaufen, um endlich herauszufinden, was denn nun jeder wirklich gesagt hatte.
Als wir das erste Band abspielten, waren wir zunächst sprachlos. Nachdem er sich einigermaßen gefangen hatte, sagte mein Mann: »Das darf doch nicht wahr sein! Dieser sture Besserwisser – das bin ich? Wieso habe ich dich kein einziges Mal richtig ausreden lassen?«
Auch ich war entsetzt. Diese leise vor sich hin quengelnde, weinerliche, ewig beleidigte Frau – das war doch nicht die kühle, beherrschte, selbstbewußte Person, als die ich mich immer zu sehen beliebte.
»Also – so geht das nicht!« sagten wir wie aus einem Mund und waren seit längerer Zeit wieder einmal hundertprozentig einer Meinung.

Wie es aber nun wirklich weitergehen sollte, das wußten wir nicht so recht. Das erstbeste, was uns einfiel: wir beschlossen, vier Wochen lang auf Distanz zu gehen. Das heißt, wir nahmen uns vor, nur über neutrale Dinge zu reden, kein Thema anzuschneiden, von dem wir ohnehin wußten, daß es unweigerlich zum Streit führen mußte. In der Zwischenzeit wollten wir, jeder für sich, Vorschläge für ein besseres, ein weniger verletzendes Zusammenleben ersinnen.

Vorübergehend jeden Streit vermeiden

Dies ist auch vom verhaltenspsychologischen Standpunkt aus eine annehmbare Übergangslösung. Die überhitzte, konfliktgeladene Atmosphäre kann sich ein wenig abkühlen. Beispiele:

- Ein Mädchen, das alle Augenblicke mit ihren Eltern über Kreuz gerät, weil sie im Sommer allein Ferien machen will (sicher mit einem Freund, vermuten die verstörten Eltern), sollte diesem heiklen Thema fürs erste tunlichst aus dem Weg gehen.
- Ein Junge, der täglich Entrüstungsstürme hervorruft, weil er plötzlich nicht mehr den vom Vater vorgezeichneten Berufsweg gehen will, tut gut daran, einige Wochen lang seine Wünsche für sich zu behalten.

Verstärker sind nicht nur erlaubt, sondern sogar empfohlen: das Mädchen und der Junge mögen sich selbst kleine Belohnungen in Aussicht stellen, wenn es ihnen gelingt, einer Diskussion auszuweichen, bei der sie doch den kürzeren ziehen müßten – weil sie es noch nicht gelernt haben, »schöner« zu streiten.

Natürlich kann man auf diese Weise Konflikte nicht lösen. Weicht man konsequent allen heiklen Situationen aus, dann entwickelt sich automatisch Vermeidungsverhalten (siehe Seite 26 ff.). Was dann herauskommt, ist bestenfalls eine »Fassadenfamilie«.

Der vorübergehende Waffenstillstand soll uns nur Zeit geben, die Lage zu überdenken und ein neues

Verhalten einzuüben. Dabei geht es gar nicht so sehr darum, den *Inhalt* des Streitgespräches zu ändern, sondern vor allem die *Form.*

Fünf goldene Regeln

Für den befriedigenden Ablauf eines Konfliktgespräches gibt es einige simple Grundregeln. Wer sie beherrscht, kann wesentlich dazu beitragen, daß die Stimmung nicht feindselig und explosiv wird.

1. *Sage deutlich, was du fühlst, statt den Gesprächspartner mit deinem Ärger zu überfallen und ihn von vornherein in eine wütende Verteidigungsstellung zu zwingen.*

Diese »goldenen Regeln« sind das ...

Denken wir an das Mädchen in der Straßenbahn. Der Fuß hat ihr weh getan. Sie hat darum den Jungen einen Trottel geheißen, obwohl er doch an dem Zwischenfall ganz unschuldig war. Folge: er fühlte sich ungerecht beschuldigt und schlug blindwütig zurück.

Sagt das Mädchen hingegen offen und deutlich: »Au, das hat weh getan«, kann der Junge sie nun wirklich nicht gut eine »dumme Gans« heißen. Sie wird ihm leid tun, und er wird sich entschuldigen – obwohl er ja eigentlich gar nichts dafür kann.

2. *Vermeide jene Aussagen, die mit Floskeln wie: »Du bist ...«, »Immer meinst du ...«, »Du hast doch ...« und ähnlichem beginnen.*

Wenn das Mädchen, das im Sommer allein verreisen möchte, ihren Eltern vorwirft: »Ihr seid altmodisch, verbohrt, hinterm Mond ...«, dann stellt sie deren Gefühle und Sorgen, letzten Endes auch ihre ganze Lebenseinstellung in Frage.

Sie zwingt die Eltern förmlich dazu, ihre Position mit Zähnen und Klauen zu verteidigen; sie gibt ihnen überhaupt keine Gelegenheit, sich mit dem Empfindungen der Tochter auch nur am Rande zu befassen.

Sagt das Mädchen hingegen: »Es tut mir weh, daß

ihr kein Vertrauen zu mir habt«, werden die Eltern veranlaßt, sich auch einmal mit dem Standpunkt der Tochter auseinanderzusetzen.

3. *Habe das Herz und den Mut, einen Fehler zuzugeben und Selbstkritik zu üben, wenn du einsiehst, daß du dich nicht ganz richtig verhalten hast.*

Die Tochter hatte wirklich nur die Absicht, mit ein paar Freundinnen auf Urlaubsreise zu gehen. Weil sie sich aber dermaßen über das, ihrer Meinung nach, uneinsichtige Verhalten der Eltern geärgert hat, hat sie sich in vieldeutiges Schweigen gehüllt – was natürlich sehr kindisch war.

Es fällt ihr gewiß kein Stein aus der Krone, wenn sie erklärt: »Es war dumm von mir; ich habe euch ja noch gar nicht gesagt, daß ich mit ein paar Mädchen unterwegs sein werde. Die anderen Eltern haben schon ja gesagt. Könntet ihr nicht einmal mit denen reden?«

... Um und Auf eines guten Zusammenlebens!

4. *Versuche, dich in die Lage des anderen zu versetzen, begehe aber nicht den Fehler, seine Gedanken und Gefühle nur auf deine Weise auszulegen.*

Du könntest zu völlig irrigen Schlüssen kommen und daraus wieder falsches Verhalten ableiten. Sage auf der Stelle, wie du die Worte des Partners (Gegners) verstanden hast, und gib ihm dadurch Gelegenheit, Mißverständnisse aus der Welt zu schaffen.

Der Sohn streitet mit dem Vater. Der Vater möchte, daß der Sohn später den väterlichen Elektrobetrieb übernimmt. Der Junge möchte lieber Maler werden.

Normalerweise verläuft eine Diskussion zwischen den beiden ungefähr so:

Vater: »Malerei – so ein Blödsinn. Das ist doch eine völlig brotlose Sache. Was hast du denn da für Chancen?«

Sohn: »Du willst mich ja nur zwingen, dein Geschäft zu übernehmen. Das Geschäft ist dir viel wichtiger als ich. Immer ist es dir wichtiger gewesen als deine Kinder.«

Was bleibt dem Vater anderes übrig, als seinen Laden zu verteidigen? Dabei hat er im Grunde etwas ganz anderes gemeint. Er bangt um das Fortkommen des Sohnes. Er hat Angst, daß der Junge mittellos dastehen wird, wenn er, der Vater, einmal nicht mehr für ihn sorgen kann.

Diesen Gesichtspunkt hätte der Sohn einmal bedenken müssen. Dann wäre das Gespräch (der Streit) vermutlich anders verlaufen.

Vater: »Malerei – so ein Blödsinn. Das ist doch eine völlig brotlose Sache. Was hast du denn da für Chancen?«

Sohn: »Wenn ich dich richtig verstehe, machst du dir Gedanken, ob ich als freischaffender Künstler genug Geld verdienen werde, um mich allein über Wasser zu halten.«

Einer hält den anderen für blöd

5. *Arbeite darauf hin, einen für alle Beteiligten annehmbaren Kompromiß zu schließen.*

Zugegeben, dies ist unter gleichberechtigten Partnern eher zu erreichen als in Familien, wo die Kinder noch immer mehr oder weniger als gehorsamspflichtige Befehlsempfänger betrachtet werden. Die Erfahrung hat aber vielfach bewiesen, daß Eltern wirklich konstruktiven Vorschlägen zugänglicher sind, als es allgemein den Anschein hat.

Der Sohn, der gerne Maler werden möchte, kann zum Beispiel folgendes Angebot machen: »Ich werde Malerei studieren, aber wenn es dich beruhigt, werde ich mich gleichzeitig zum Zeichenlehrer oder Werbegrafiker ausbilden lassen. So kann ich ein ziemlich sicheres Einkommen erwarten. Sollte sich herausstellen, daß meine Kunst doch nicht so brotlos ist, kann ich mich ihr später dann ganz widmen.«

Oder: »Ich bereite mich auf den Beruf eines Elektromeisters vor, studiere aber in Abendkursen Malerei. In ein paar Jahren wird man dann weitersehen.«

Immer wieder hat sich erwiesen, daß ehrlich gemeinte Kompromißbereitschaft fast automatisch zu Zugeständnissen auf der anderen Seite führt.

Wie wohltuend wechselweise Zugeständnisse für die ganze Familie sein können, beweist die Geschichte der fünfzehnjährigen Mimi. Sie lag in monatelangem Hader mit ihren Eltern. Grund: der Zeitpunkt ihres Heimkommens.

Ein Mädchen fühlt sich eingesperrt

Mimi fand, es sei unmöglich, immer pünktlich zu sein, weil der »Zapfenstreich« viel zu früh angesetzt war. Gerade wenn es am lustigsten war, mußte sie aufbrechen — und hatte zum Schaden auch noch den Spott ihrer Freunde zu tragen. »Das Baby muß schon wieder gehen. Marsch ins Bett, Babylein.« Die meisten Freundinnen durften länger ausbleiben als sie.

Hinzu kam noch, daß Mimi sich daheim entsetzlich langweilte. Die Eltern lasen, sahen fern, arbeiteten und kümmerten sich herzlich wenig um ihre Tochter. Natürlich war ihr in Gesellschaft gleichgesinnter und gleichaltriger junger Menschen wesentlich wohler als im muffigen Elternhaus.

Mit einem Wort: Mimi *fühlte* sich eingesperrt, bevormundet — aber sie *sagte:* »Ihr seid schrecklich, ihr versteht mich nicht, ihr ..., ihr ..., ihr ...!« Ohne eine Sekunde zu überlegen, wie den Eltern zumute sein mochte.

Daß die Eltern ihrerseits sich keine Gedanken machten, wie es denn nun eigentlich im Inneren der Tochter aussah, ist ein weiteres trauriges Kapitel. Da dieses Buch aber nicht für Eltern, sondern für Söhne und Töchter geschrieben ist, soll vor allem Mimi daraus lernen, die Initiative zu ergreifen und die Dinge ein wenig zu ihren Gunsten zu verändern.

Sie versuchte also, sich in die Eltern hineinzuversetzen, und begriff allmählich, daß hinter dem vermeintlichen Mißtrauen, dem Unverständnis und der Einengung verschiedene Ängste und Befürchtungen standen. Es könnte ihr etwas zustoßen, sie würde ihre Arbeit verbummeln und sich der Familie entfremden. Im Grunde genommen alles Beweise, daß die Eltern sie sehr lieben. Hat man denn je gehört, daß sich jemand um einen ungeliebten Menschen Gedanken macht?

Bei den nächsten Diskussionen bemühte sich Mimi, ihre Gefühle deutlich zum Ausdruck zu bringen und zu zeigen, daß sie Verständnis für die Lage der Eltern hatte. Sie gebrauchte Sätze wie diese:

»Ich verstehe, daß ihr euch sorgt, wenn ich spät nach Hause komme ...«

»Ihr habt sicher Angst, daß meine Arbeit zu kurz kommt ...«

»Ich sehe ein, daß ich nicht jeden Abend länger ausbleiben kann ...«

»Ich bitte euch zu verstehen, daß ich mich manchmal nicht so schnell aus einer lustigen Runde lösen kann ...«

»Ich bin traurig und enttäuscht, daß ihr mir so wenig vertraut.«

»Ich wäre sehr glücklich, wenn ich mich am Abend öfter mit euch unterhalten könnte. Oder Karten spielen, so wie früher ...«

Eltern und Tochter haben viel gelernt

Nachdem der Boden für eine Verständigung vorbereitet war, rückte Mimi mit ihrem Vorschlag für ein Geschäft auf Gegenseitigkeit heraus. Die Eltern sollten ihr die Erlaubnis geben, dreimal wöchentlich eine Stunde länger auszubleiben. Sie versprach, vorher alle Arbeiten korrekt zu erledigen. Sie würde sich bemühen, rechtzeitig daheim zu sein.

Das »Geschäft«, für vier Wochen ausgehandelt, wurde ein voller Erfolg. Mimi hat gelernt, konzentriert zu arbeiten und auf die Minute pünktlich zu sein. Die Eltern haben gelernt, ihrer Tochter zu vertrauen und sie nicht mehr als kleines Kind zu behandeln.

Mimi hat mir neulich freudestrahlend mitgeteilt, daß ihre Ausgehzeit um eine halbe Stunde verlängert wurde. Und zwar spontan und freiwillig.

Das Verhältnis zwischen Eltern und Tochter ist freier und herzlicher geworden. Die Abende, an denen Mimi daheim ist, sind angenehm und kurzweilig. Man spielt Karten oder unterhält sich.

Manipulation! Warum nicht?

Natürlich kam diese Idylle nicht von heute auf morgen zustande. Als sehr hilfreich hat sich – wieder einmal! – ein Tonbandgerät erwiesen.
Mimi hat auf mein Anraten bei vielen Diskussionen das Band mitlaufen lassen. Mit Wissen der Eltern natürlich. Sie hat dabei von den Erfahrungen profitiert, die mein Mann und ich vor Jahren gewonnen haben, als wir die ersten Tonbandaufnahmen von ehelichen Auseinandersetzungen machten.
Wenn jeder Gesprächsteilnehmer weiß, daß Wort für Wort reproduziert wird, daß keiner abstreiten kann, was er gesagt und was er nicht gesagt hat, dann ist ein seltsames Phänomen zu beobachten (vielmehr zu hören!): die wilden, die unkontrollierten Streitereien hören fast schlagartig auf. Jeder nimmt sich ein wenig zusammen, überlegt, was er sagt, drückt sich präziser aus.
Wer nun abfällig meint, dies sei Manipulation, dem kann ich nur entgegenhalten: warum nicht, bitte schön? Wir manipulieren uns ja sozusagen nur selbst. Wir lernen aus unseren Fehlern, wir üben ein neues, ein besseres Streitverhalten ein. Was soll daran schlecht sein?
Natürlich ist es nicht in allen Familien möglich, die Gespräche mitzuschneiden und dann gemeinsam das Resultat zu besprechen. Ich kann mir denken, daß viele Eltern dagegen sind. Auch ist durchaus vorstellbar, daß zahlreiche junge Menschen überhaupt nicht den Mut aufbringen, es vorzuschlagen.

Wilde Steitereien hören schlagartig auf

Jeder spielt jeden

So erging es den Geschwistern Jakob und Caroline, in deren Familie mindestens dreimal wöchentlich »die Fetzen flogen«. In der Zwischenzeit war jeder auf jeden böse.
Dem Jungen und dem Mädchen wurde schließlich so ziemlich alles verboten, was es überhaupt zu verbieten gibt. Mit dem Effekt, daß Jakob und Caroline jedes Gebot zu unterlaufen versuchten und tonnenweise Sand ins häusliche Getriebe schütteten. Reaktion der Eltern: die Daumenschrauben wurden noch kräftiger angezogen. Ein Teufelskreis.
Die Situation war so gespannt, daß es völlig aussichtslos schien, ein neues Diskussionsverhalten mit den Eltern zu versuchen.
Jakob und Caroline mußten es darum zunächst allein probieren, wobei, ähnlich wie beim Rollenspiel auf zwei Stühlen, jeder in die Haut aller anderen Streitpartner schlüpfte.

Alle Situationen in allen Variationen

Caroline stellte sich selbst dar, die Mutter, den Vater und auch Jakob. Jakob mimte den Vater, die Mutter, Caroline und sich selbst. Sie spielten alle Situationen durch, die ihnen einfielen, versuchten alle Variationen von zweckmäßigem Verhalten, kontrollierten sich gegenseitig und überwachten das Ganze zusätzlich durch das Tonband.
Die beiden fanden viel Spaß an ihrem – natürlich heimlichen – Tun. Und dann passierte etwas Merkwürdiges, das heißt, es passierte eigentlich nichts. Bis heute ist es zu keinem wirklichen Krach mehr mit den Eltern gekommen. Das Zusammenleben in der Familie ist in den letzten Monaten zwar nicht ausgesprochen lustig, aber doch spürbar erträglicher geworden.
Unbewußt haben Jakob und Caroline die neugelernten Verhaltensformen in den Familienalltag eingebracht. (Sage deutlich, was du fühlst. Vermeide Aussagen, die mit »Du bist ...«, »Du hast ...« be-

ginnen. Habe den Mut, Fehler zuzugeben. Versuche dich an die Stelle des anderen zu setzen. Biete Kompromisse an.)
Ebenso unbewußt haben die Eltern reagiert. Und zwar positiv. Sie fragen sich nur gelegentlich verwundert, wieso die »Kinder« plötzlich soviel »braver« geworden sind.
Irrtum. Sie sind gar nicht »braver« – nur wesentlich geschickter im Umgang mit den Eltern.

6. Ein Mißverständnis namens Liebe

Der Herr hatte zwei auffallend tiefe Falten von der Nase zu den ständig nach unten gezogenen Mundwinkeln. Er hatte schlechtsitzende falsche Zähne, die ihm zu einer ziemlich feuchten Aussprache verhalfen. Auch trug er – so wurde jedenfalls gemunkelt – ein Toupet.
Eines Tages aber entdeckte ich seine schlanken, ausdrucksvollen Hände, das versteckte Blitzen in den strahlend blauen Augen; das Timbre seiner tiefen Stimme jagte mir Wonneschauer über den Rücken. Kein Zweifel: ich hatte mich verliebt. Und zwar zum erstenmal. Ausgerechnet in einen Lehrer meiner Schule.
Die Leidenschaft währte nur wenige Wochen, da sie gänzlich unerwidert blieb. Ich schrieb in dieser Zeit ein »Nicht genügend« nach dem anderen im Fach meines heimlichen Idols.
Das nächste Objekt meiner glühenden Zuneigung war ein Knabe namens Ernst. Den kannte ich schon aus meiner Babyzeit. Wir waren im Kinderzimmer oft Topf an Topf nebeneinander gesessen. Als mir zum erstenmal siedend heiß aufging, daß er auf dem besten Weg war, ein anderer, nämlich ein Mann zu werden, war ich dreizehn. Er übrigens auch.
Da er hartnäckig darauf bestand, weiterhin Indianer sowie Räuber und Gendarm zu spielen, statt mit mir

Die große Liebe begann im Babyalter

im Mondschein zu spazieren, verlor ich rasch das Interesse an ihm.
Ich wandte mich einem reifen Mann von achtzehn oder neunzehn zu. Bei dem gab es allerdings auch einen Haken. Ich kannte ihn nicht persönlich. Es gab auch wenig Aussichten, ihm jemals zu begegnen: er war ein amerikanischer Schlagersänger — und heute habe ich sogar schon seinen Namen vergessen.

Ist das normal?

So gab es denn eine rasch anschwellende Zahl von unsterblichen Geliebten, die mich abwechselnd in lustvolle Wonnegefühle und quälende Pein versetzten.

Mädchen sind vor allem Schwärmerinnen

Vorwiegend lebte ich mit diesen Herren in luftigen Gedankenschlössern, wobei hochziehende Wolken, verträumte Musik, rosige Sonnenuntergangsstimmungen, leise plätschernde Wellen und natürlich feenhafter Mondschein stark stimulierende Wirkung ausübten.
Weiter als bis zu ein paar flüchtigen, harten Küssen, die mir nicht einmal besonders gut schmeckten, bin ich mit keinem meiner Angebeteten gekommen. Zu mehr hatte ich überhaupt keine Lust.
Damals habe ich mich schrecklich dafür geschämt und glaubte, ich sei völlig abnormal. Viele meiner Freundinnen wußten schon von aufregenden Liebesabenteuern zu berichten. (Daß die meisten einfach das Blaue vom Himmel heruntergelogen hatten, habe ich erst viel später erfahren.)
Heute weiß ich, daß meine frühen Schwärmereien, die nichts wollten als ein bißchen Zärtlichkeit und Händchenhalten, altersbedingt ganz normal waren: der große amerikanische Sexualforscher Alfred Kinsey hat klipp und klar nachgewiesen, daß bei der Frau heftige sexuelle Wünsche erst um das zwanzigste Lebensjahr auftreten. Sie erreichen um die dreißig ihren absoluten Höhepunkt.

Bei den Jungen ist es, noch immer laut Kinsey, fast umgekehrt. Mit der Pubertät ist ihr konkretes Interesse am anderen Geschlecht bereits voll entwickelt, es hält sich für und zwei Jahrzehnte in gleicher Höhe, um dann ganz allmählich nachzulassen.
Eine dreißigjährige Frau kann da unter Umständen mit ihrem vierzigjährigen Mann einige Schwierigkeiten haben. Doch das nur am Rande und zum besseren Verständns der allgemeinen Situation ...
Mädchen und Frauen, weniger durch Gefühlstabus eingeengt als Männer, sind eher bereit, über ihre ersten Liebesempfindungen zu berichten. So habe ich von vielen erfahren, daß es ihnen in ihrer Teenagerzeit ähnlich erging und ergeht wie mir: gefühlvolle Schwärmerei für diverse unerreichbare Idole; herzklopfende Bindung an bestimmte Jungen. Aber kein überwältigendes Verlangen nach mehr.
Wenn »es« bei einigen von ihnen denn doch in sehr jungen Jahren passierte, dann meist eher zufällig. Aus Neugier – oder aus Angst, die Zuneigung des Freundes zu verlieren. Und meist mit einem leicht bitteren Nachgeschmack.

Die Tragödie der Jungen

Von Männern habe ich natürlich nicht so viele Details erfahren. Eines aber steht fest: ihr Dilemma ist womöglich noch größer als das der Mädchen.
Einerseits ist da der starke Trieb, der zumindest durch einige Jahre unterdrückt werden muß – aber immerhin in der berechtigten Hoffnung, daß eines Tages die Schranken fallen werden.

Gefühle der Jungen werden geknebelt

Andererseits gibt es ein großes Gefühlspotential, welches – und das halte ich für die größte Tragödie der Jungen – durch eine irrsinnige gesellschaftliche Konvention niedergeknebelt wird. Und zwar so heftig und so lange, daß zum Schluß fast nichts mehr davon übrigbleibt.
Ich lege meine Hand dafür ins Feuer, daß Jungen

im Grunde die gleichen Empfindungen haben wie Mädchen; daß auch sie in großem Maße Zuwendung und Zärtlichkeit, Verständnis und Rücksichtnahme brauchen und geben *könnten*. Doch man hat sie von klein auf dazu angehalten, diesen »Weiberkram« in sich abzutöten; dieses zumindest zu verleugnen und sich dessen zu schämen.

Somit kommt dann das große Mißverständnis zustande, das sich hinter dem Wörtchen »Liebe« verbirgt. Das Mädchen meint damit – zumindest am Anfang – tastende Annäherung, sanfte Emotionen. Der Junge meint oft das gleiche, weiß aber, daß er es nicht meinen darf. Er spielt dem Mädchen Gefühle vor – die er tatsächlich hätte, wenn er nur dürfte –, nur zu dem Zweck, das zu erreichen, was man ihm als einzig erstrebenswertes Ziel eines »richtigen« Mannes bezeichnet hat.

Die Geschichte scheint mir manchmal genauso absurd wie die Figur des Oktavian in der Oper »Der Rosenkavalier« von Richard Strauss. Dieser Junge wird von einer Frau gespielt, die dann in ihrer Rolle als Junge eine Frau spielen muß. »Ich komme mir da manchmal fast schizophren vor«, erzählte mir eine Sängerin.

Junge Männer – leicht schizophren

Die *wirkliche* Schizophrenie der Jungen ist nicht weniger absurd.

Sie geht aus einer im Jahre 1977 (!) abgeschlossenen Untersuchung der Universität Innsbruck hervor, wobei rund dreitausend Jungen und Mädchen aus achtundachtzig Schulen des ganzen Landes im Alter von sechzehn bis achtzehn Jahren zum Thema Sexualerziehung befragt wurden.

Es stellte sich heraus, daß die überwiegende Mehrzahl der Jungen die Mädchen noch immer in zwei Kategorien einteilt: jene, mit denen sie sich vor der Ehe vergnügen, und jene, die sie einmal heiraten möchten: selbstverständlich als Jungfrauen!

Man kann die Dinge drehen und wenden, wie man will: die Einstellung hat sich seit Anno Tobak nicht

wesentlich geändert – zumindest was die breite Masse der jungen Durchschnittsbürger betrifft.
Im Gegenteil: zu den alten Vorschriften, Verboten und Pressionen sind noch ein paar neue hinzugekommen und verwirren die jungen Menschen mehr, als sie verkraften können. Und daraus resultieren vielschichtige Ängste.
Das Mädchen hat Angst, weil es überwiegend nach den Prinzipien des »du darfst nicht« erzogen wird. Sie hat aber auch Angst, sich vor den Freundinnen zu blamieren, die behaupten, schon ihre Erfahrung zu haben. Des weiteren hat das Mädchen Angst, den Jungen, den es liebt, zu verlieren, wenn sie nicht das tut, was er von ihr verlangt.

Die größte Angst vor den eigenen Kumpeln

Der Junge braucht wenigstens nicht so viel Angst vor den Eltern zu haben. Ab einem gewissen Alter lassen sie ihn augenzwinkernd seiner Wege gehen und »Erfahrungen« sammeln. »Paß auf, laß dir kein Kind anhängen«, ist die einzige warnende Einschränkung.
Angst muß der Junge jedoch vor seinen Kumpeln und Kameraden haben. Wenn er nicht mit Erfolgen auftrumpfen kann, dann ist er ein Waschlappen, ein Niemand. Er ist unten durch.

Hier Moral – da Sex

Das völlig Irre an der Lage ist, daß in weiten Kreisen der Gesellschaft, durch Kirche und Schule die angestammten Werte der Moral hoch- und heiliggehalten werden. Ein großer Teil der Massenmedien hingegen vermittelt den Eindruck, als wäre Sex die einzig wichtige, die allein seligmachende Sache auf der Welt, und stilisiert sie zu einem Hochleistungssport.
Hier Moral – da sexueller Leistungszwang: wie soll sich da ein junger Mensch zurechtfinden? Denn vom Wichtigsten ist kaum je die Rede: vom Gefühl, von der Idee echter Partnerschaft.

Aber: wer nicht von früher Jugend an partnerschaftliches Denken und Handeln einzuüben beginnt, tappt früher oder später unweigerlich in die Falle, in der die meisten Erwachsenen bereits festsitzen. Langweilige Ehe. Frustrierte Männer und Frauen. Einsamkeit. Fassadenfamilie. Scheidung.

Die Älteren, sie alle sind einmal hoffnungsvoll aufgebrochen in das paradiesische Wunderland der Liebe – und nach Wochen, Monaten oder Jahren enttäuscht in einer öden Wüste aufgewacht.

Moral, Sex, Liebe – die große Verwirrung

»Liebe« mit einem »idealen Partner«, der in erster Linie »liebevoll und zärtlich« sein soll: das ist die Sehnsucht der jungen Menschen auch heute. Dies geht eindeutig aus der Innsbrucker Untersuchung hervor. Die dauerhafte Zweierbindung ist – allem Getöne über Promiskuität zum Trotz – nach wie vor das Ziel der heranwachsenden Generation.

Aber – Liebe: Was ist das?

Ich habe in meinem Wohnzimmer eine Art Beichtstuhl, eine Sofaecke, die sich unmittelbar an meinen Lehnsessel anschließt. Im milden Licht einer alten Lampe mit gelbem Seidenschirm sind schon viele Mädchen und einige wenige Jungen in dem »Beichtstuhl« gesessen und haben mir ihr Herz ausgeschüttet.

Wenn man ihren Bekenntnissen Glauben schenken darf – und warum sollte ich das nicht? –, wenn man Übertreibungen und Dramatisierungen vorsichtshalber abzieht, dann wird offenbar, daß die Worte Wilhelm Buschs nach wie vor Gültigkeit haben.

»Ein Irrtum, welcher weitverbreitet
Und manchen Jüngling irreleitet,
Ist der, daß Liebe eine Sache,
Die immer nur Vergnügen mache.«

Leider nicht nur kein Vergnügen, sondern auch sehr

viel Kummer und ganz altmodisches Herzweh, im schlimmsten Fall gekoppelt mit Lebensüberdruß und Todessehnsucht.

Lieben mit speziellem gemeinsamem Nenner

Natürlich hat jeder seine ganz besondere, ganz einmalige, unwiederholbare, höchstpersönliche Liebesgeschichte und meint, aus einem ganz besonderen, einmaligen, höchstpersönlichen Grund unglücklich zu sein.

Genaugenommen stecken immer die gleichen Mißverständnisse, die gleichen falschen Verhaltensweisen dahinter. Sie lassen sich in bestimmte Kategorien zusammenfassen.

1. Mangelndes Selbstvertrauen, Schüchternheit, Ängstlichkeit, die eine Annäherung an das andere Geschlecht von vornherein verhindern.

2. Die große Heuchelei am Anfang einer Beziehung. Um dem anderen zu gefallen und wohl auch aus Angst, ihn zu verlieren, werden eigene Schwächen verborgen, überspielt und wird ein Entgegenkommen vorgetäuscht, das im Grunde gar nicht vorhanden ist. Je ängstlicher einer ist, desto größer ist sein zwanghafter Hang zur Heuchelei. Meist sind das die Mädchen.

Ein irreführendes Märchen

3. Die verhängnisvolle Neigung, so zu tun, als ob man immer im gleichen Augenblick das gleiche fühlte und wünschte wie der andere.

Ich weiß nicht, wer das Märchen in die Welt gesetzt hat, daß Liebende in ihren Ideen und Gedanken einer des anderen Abklatsch sein müßten; es ist ein ganz böses, falsches, irreführendes Märchen und schuld am jähen Ende vieler Liebesgeschichten, die einst so vielversprechend begonnen haben.

Natürlich bleibt auch in der größten Liebe jeder die Person, die er ist und die er immer war. *Natürlich* hat jeder mitunter ganz andere Vorstellungen und Wünsche als der andere.

Kommen die dann doch eines Tages zum Vorschein, dann hagelt es Vorwürfe. »Du liebst mich nicht. Du bist nicht der Mensch, den ich geliebt habe.« Schließlich: »Wir passen nicht zueinander.«

Dann beginnt von neuem die hektische Suche nach dem Partner, der einem »vom Schicksal bestimmt« ist, der zu einem paßt wie der Deckel auf den Topf, der Partner, mit dem man nahtlos zusammengeht wie die beiden Hälften eines einzigen Gußstückes.

»Mein Kind, merke dir eines fürs Leben«, pflegte eine meiner Großmütter zu sagen, »Es gibt keine ideale Wohnung, und es gibt keinen idealen Partner. Schlage dir das ein für allemal aus dem Sinn.« Sie war eine sehr weise Frau.

Mit (fast) jedem Partner kann man sich arrangieren ...

Ich bin zwar lange nicht so weise wie die alte Dame, möchte aber in aller Bescheidenheit noch eines hinzufügen: Ich glaube, man kann sich in jeder Wohnung und mit jedem Partner halbwegs einrichten. Man muß nur wissen, wie. Doch zurück zu unserer Liebeskummerliste.

4. Die ebenfalls weitverbreitete Fehlvorstellung, daß alles von selbst geht, wenn man einander nur von Herzen zugetan ist. Nichts geht von selbst. Man muß eine Menge dazu tun.

5. Unwahr ist auch, daß die Liebe uns mit hellseherischen Fähigkeiten ausstattet, mit der Gabe, dem anderen die Wünsche von den Augen abzulesen. Mit dem logischen Schluß: »Wenn du nicht weißt, was ich fühle und was ich mir wünsche, dann ist das ein Beweis, daß du mich nicht liebst.«

Irrtum. Es ist nichts weiter als der Beweis, daß der Wünschende nicht richtig den Mund aufgemacht und seine Vorstellungen angemeldet hat.

Vor allem Mädchen sind mit solchen Verdächtigungen rasch bei der Hand. Sie bedenken dabei nicht, daß Jungen infolge ihrer Erziehung zum »harten« Mann in Sachen Gefühl und Intuition ausgesprochen unterentwickelt sind. Mädchen sind da etwas besser dran. Sie sollten nicht schmollen, sondern den Jungen helfen, ein Gespür für leise Schwingungen zu entwickeln. Darum müssen sie vorerst einmal deutlich sagen, was sie eigentlich wollen.

Ein seltsamer Liebesbeweis

6. Schwerwiegende Mißverständnisse, die aus völlig verschiedenen Lern- und Lebensgeschichten resultieren.

Das »Schwein« ist gar kein Schwein

Ich erinnere mich, wie mir ein Mädchen empört berichtete, daß sie mit ihrem Freund, »diesem Schwein«, Schluß gemacht hätte. Er hätte sich einfach un-mög-lich benommen.

Was war geschehen? Der Junge hatte das Mädchen in einer zärtlichen Stunde in den Popo gekniffen und »mein Scheißerle« gesagt.

Sein Pech, daß die Freundin aus einer Gesellschaftsschicht stammte, wo der betreffende Körperteil wie auch das ominöse Wort gleichermaßen streng tabu waren. Er hingegen gehörte einer Schicht an, in der man mit derlei nicht nur nicht zimperlich ist, sondern damit auch seinen zärtlichsten Gefühlen Ausdruck verleiht.

Noch einmal von vorn!

Wer jetzt von mir wissen möchte, wie all diese Mißverständnisse ausgemerzt oder gar vermieden werden können, dem kann ich nur den Rat geben, dieses Buch noch einmal ganz von vorn zu beginnen und es aufmerksam durchzulesen. Immer im Hinblick auf seine ganz besondere, ganz einmalige, unwiederholbare und persönliche Liebesgeschichte.

Lerne, deine Ängste abzubauen und dein Selbstwertgefühl aufzubauen.

Lerne, deine Gefühle zu artikulieren, deine Wünsche deutlich auszusprechen. Du wirst zu deiner Überraschung feststellen, daß der Partner ohnehin oft die gleichen Anliegen hat, sie nur nicht vorzubringen wagte.

Lernt, zueinander Vertrauen zu fassen, und versucht, dem anderen eure Ängste begreiflich zu machen. Vorausgesetzt, daß der andere fair genug ist, aus solchen Bekenntnissen keinen Strick zu drehen.

Aber soviel ich weiß, hält sich gerade die junge Generation sehr viel auf ihr hochentwickeltes Gefühl für Fairneß zugute. Hier ist eine prächtige Gelegenheit, dies zu beweisen.

Nochmals: Streiten

Lest auch das Kapitel »Schöner streiten« nochmals genau durch – ihr werdet viel davon profitieren.

Spezialtips aus der Partnertherapie

Und dazu noch einige Tips aus der praktischen Partnertherapie vieler Verhaltenspsychologen. Sie halten ihre streitlustigen Klienten zu folgenden Übungen an.

1. Die Partner müssen einander den Rücken zukehren und über neutrale Themen miteinander reden.
2. Sie wenden sich um, blicken einander eine Weile schweigend an.
3. Sie berühren sich mit den Fingerspitzen, sehen einander in die Augen.
4. Sie halten sich an den Händen, schließen die Augen, schweigen und versuchen, sich über die eigenen sowie die Gefühle des Partners Klarheit zu verschaffen.
5. Sie sehen sich an, sprechen miteinander, berühren einander aber nicht.
6. Sie berühren ihre Hände, blicken einander in die Augen – und: beginnen nun zu streiten!

Darf ich dazu wieder einiges aus meiner persönlichen Erfahrung berichten?

Wenn es früher in unserer Ehe Krach gab, dann pflegte mein Mann wie ein wilder Tiger hin und her